掌尚文化

Culture is Future

尚文化·掌天下

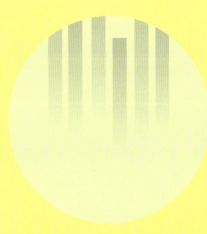

财政学
课程思政案例与分析

匡萍 主编

王歆　范林佳 副主编

经济管理出版社

ECONOMY & MANAGEMENT PUBLISHING HOUSE

3.言简意赅，便于理解。案例集结构清晰、语言平实，侧重于对事实的介绍，便于读者理解。

本书获得了聊城大学教材出版资助，是山东省本科教学改革研究项目"新时代背景下《财政学》课程思政教学探索与实践"（项目编号：M2020269）研究成果和《财政学》山东省一流本科课程建设成果，适用于普通高校经济管理专业本科生以及研究生，也可供对财政学有兴趣的读者学习和参考。

本书思维导图

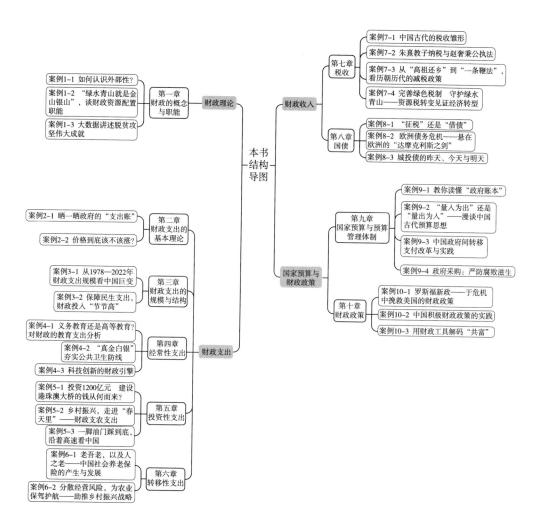

本书结构导图

财政理论

第一章 财政的概念与职能
- 案例1-1 如何认识外部性?
- 案例1-2 "绿水青山就是金山银山",谈财政资源配置职能
- 案例1-3 大数据讲述脱贫攻坚伟大成就

财政支出

第二章 财政支出的基本理论
- 案例2-1 晒一晒政府的"支出账"
- 案例2-2 价格到底该不该涨?

第三章 财政支出的规模与结构
- 案例3-1 从1978—2022年财政支出规模看中国巨变
- 案例3-2 保障民生支出,财政投入"节节高"

第四章 经常性支出
- 案例4-1 义务教育还是高等教育?对财政的教育支出分析
- 案例4-2 "真金白银"夯实公共卫生防线
- 案例4-3 科技创新的财政引擎

第五章 投资性支出
- 案例5-1 投资1200亿元 建设港珠澳大桥的钱从何而来?
- 案例5-2 乡村振兴,走进"春天里"——财政支农支出
- 案例5-3 一脚油门踩到底,沿着高速看中国

第六章 转移性支出
- 案例6-1 老吾老,以及人之老——中国社会养老保险的产生与发展
- 案例6-2 分散经营风险,为农业保驾护航——助推乡村振兴战略

财政收入

第七章 税收
- 案例7-1 中国古代的税收雏形
- 案例7-2 朱熹教子纳税与赵奢秉公执法
- 案例7-3 从"高祖还乡"到"一条鞭法",看历朝历代的减税政策
- 案例7-4 完善绿色税制 守护绿水青山——资源税转变见证经济转型

第八章 国债
- 案例8-1 "征税"还是"借债"
- 案例8-2 欧洲债务危机——悬在欧洲的"达摩克利斯之剑"
- 案例8-3 城投债的昨天、今天与明天

国家预算与财政政策

第九章 国家预算与预算管理体制
- 案例9-1 教你读懂"政府账本"
- 案例9-2 "量入为出"还是"量出为入"——漫谈中国古代预算思想
- 案例9-3 中国政府间转移支付改革与实践
- 案例9-4 政府采购:严防腐败滋生

第十章 财政政策
- 案例10-1 罗斯福新政——于危机中挽救美国的财政政策
- 案例10-2 中国积极财政政策的实践
- 案例10-3 用财政工具解码"共富"

目　录

第四章

经常性支出

第五章

投资性支出

第六章

转移性支出

第十章

财政政策

财政的概念与职能

本章案例思维导图

第一章　财政的概念与职能

案例 1-2　"绿水青山就是金山银山"，谈财政资源配置职能

知识点：财政职能的基本内涵和分类

思政元素：树立正确的世界观、人生观和价值观

案例1-1　如何认识外部性？

知识点：外部性的基本内涵和分类

思政元素：树立国家意识和公共意识，培养强烈的家国情怀和社会责任感

案例1-3　大数据讲述脱贫攻坚伟大成就

知识点：财政的收入分配职能

思政元素：实事求是、一切从实际出发

案例 1-1

如何认识外部性?

一、教学目标

(一)基本教学目标

1. 知识目标

要求学生在回顾微观经济学中关于市场失灵部分的内容后,理解和掌握外部性的基本内涵和分类,在此基础上进一步分析外部性的影响及克服负外部性的方法。

2. 能力目标

在理解外部性概念的基础上,能够学以致用,结合蓬勃发展的共享经济,以共享单车为例,分析什么是外部性、产权和交易费用,财政为何以及如何解决负外部性问题,进而能够分析说明背后的深层次背景及原因。

3. 素质目标

财政学是一门研究解决如何"理公共之财,管公共之事"的学问,对于培养更具公共意识和公共能力的从事公共经济管理的人才具有重要作用。本案例侧重于引导学生着眼于公共视角,树立公共意识,关心公共问题,通过对公共政策的研究,逐步在研究公共问题、沟通公共各方、制定公共规则、管理公共事务和管理公共之财五个方面塑造学生的能力,从而培养具有深厚的爱国情怀和强烈的社会责任感的新时代社会科学人才,培养具有求同存异、兼容并包品行的治国理政人才。

(二)思政教学目标

通过本案例的学习,从财政矫正外部性的角度,深入了解财政在解决社会现实问题上所做的努力，帮助学生在掌握知识和能力的基础上树立国家意识和公共意识，同时在层层递进、不断深入的分析讨论中强化政治认同感，培养强烈的家国情怀和社会责任感，树立正确的世界观、人生观和价值观。

二、案例描述

材料一：经济学家眼中的"市场失灵"

20 世纪初的一个春天，英国经济学家庇古和他的伙伴乘坐一列蒸汽火车飞驰在英格兰的大地上。庇古欣赏着列车外绿草茵茵的美丽风光，同时感叹道，在田间飞驰而过的列车会喷出火花，火花溅落到列车两侧田野中的麦穗上，会给种植小麦的农民造成损失，但是造成这一切的铁路公司却不用因损坏农田而给予农民赔偿。这就是"市场失灵"的表现，也就是市场经济无能为力之处。

1971 年的一天，美国经济学家斯蒂格勒和阿尔钦乘坐电气高铁同游日本，在欣赏车外风光时想起了当年庇古的感慨。为探究事实，两人询问列车员是否会因为列车的经过而导致铁路附近的农田减产。列车员回答恰恰相反，飞速驶过的列车把常年偷吃稻谷的飞鸟吓走了，农民反而因此受益。当然，铁路公司也不能因为无意间给农民带来的好处而向农民收取"赶鸟费"。这同样是"市场失灵"的表现，是市场经济无能为力之处。

材料二：共享单车乱停之治

2007 年至今，共享单车（电车）作为一种新型环保共享经济的产物，给人们的出行带来了很大便利，这种绿色低碳的出行方式，逐渐成为市民短距离出行的新选择。但是这些年在共享单车蓬勃发展的过程中，也出现了很多问题，其中最典型的问题之一就是共享单车在公共区域的乱停乱放。

相信在现实生活中，同学们也常常可以看到共享单车、电动车在城区的公共区域乱停乱放的现象，不仅影响了市容市貌，还存在诸多的交通安全隐患。沿道路行走就会发现，虽然有部分共享单车已经规范地停放在指定的停车区内，但也有相当数量的共享单车无序停放在人行横道、绿化带、行道树坑穴、公共区域非机动车停车位和机动车停车位等地，还有部分废弃共享单车直接杂乱地堆放在小路路口和沿街商铺门前，不仅造成人行横道拥堵、挤占非机动车停车位和机动车车位浪费，也使城市形象大打折扣。

共享单车带给我们的便利毋庸置疑，但是乱停乱放也是城市文明之癣。为了解决这一难题，地方管理部门也做了很多努力。例如，划分专门的停车区域、树立显著的共享单车停放标识、加大巡查整治清理力度等。但是，共享单车侵占公共区域乱停乱放、阻碍交通的现象依然在各个城市层出不穷。

为此，北京、上海等主要城市纷纷制定限制性公约，以解决共享单车乱停乱放问题，进一步引导用户形成"禁停区不停车、入栏管理区停车入栏、其他区域有序停放"的良好习惯，减少对交通通行和城市环境产生的不利影响。例如，《北京区域互联网租赁自行车行业规范用户停放行为联合限制性公约（试行）》中明确规定，如果用户在一个自然月度内将共享单车随意停放在市域内高速公路、城市快速路主路上一次及以上、禁停区三次及以上、入栏管理区电子围栏以外区域六次及以上，或因恶意破坏共享单车、私自占有共享单车、利用共享单车实施违法犯罪行为而被企业采取风控措施，那么该用户将被纳入共享单车企业的联合限制措施对象。

每月 15 日前，共享单车企业将通过其 App、官网等官方平台统一向社会公示上一月联合限制措施对象的名单表，公示期限为 5 个工作日。名单内用户如有异议的，可在公示期限内向北京市自行车电动车行业协会提出异议申请，协会将在接到用户异议申请 5 个工作日内告知异议申请人结果。如用户不同意用户协议要求终止服务的，企业将及时退还该用户的押金、预付金及骑行卡余额，并终止向其提供共享单车服务。这样的限制性公约是否能够从根本上解决共享单车乱停放的顽疾，还有待验证。

三、案例知识点分析与课程思政设计

（一）案例知识点分析

1. 外部性与"公地悲剧"

外部性问题最早是由西奇威克（1887）提出来的，后来马歇尔（1890）对此进行了具体阐述。外部性是指个人行为的社会成本（收益）不等于个人成本（收益），由其他社会成员承担了额外的成本（收益）。在理性经济人的假定下，对具有外部性产品的消费会偏离社会最优水平。从分类上看，外部性可分为正外部性和负外部性。正外部性强调某个人的经济活动给社会上的其他成员带来好处，但他自己却无法由此得到补偿。负外部性与之形成对比，强调某个人的经济活动给社会上的其他成员带来危害，但他自己却不需支付足够抵偿这种危害的成本。

自1920年庇古将环境污染问题作为外部性问题进行分析后，很多经济学家围绕这个问题展开了延伸研究，如美国经济学家哈丁（1968）在《公地的悲剧》中描述了这样一个场景："公共草地上，有一群牧羊人，其中有一个牧羊人想通过多养几只羊，来获得更多收益。他也知道草场的承载力有限，如果增加羊的数量，这块草地将会逐渐退化，但权衡利弊后，他最终还是决定这么干。因为羊的收益是他自己的，而草场退化的代价是由全体牧民共同承担的，所以他是赚的。然而，问题是其他人也都是这么想的，于是大家都开始偷偷这么干。羊越来越多，草地牧草耗竭，悲剧因而发生了。这个悲剧会发生的根本原因，是牧场没有真正的产权人，导致没有真正愿意为这块牧场负责的人。"

上述案例中提到的共享单车乱停乱放的现实问题，问题形成的关键点也在于公共空间作为公地的内在属性。当然，除此之外，也存在当事人企业、衔接人政府、关联者民众等外在因素。

2. 产权与交易成本

（1）产权。在现代经济学中，"产权"包含的内容较为广泛。通常意义上，产权被认为是一种通过社会强制而实现的对某种经济物品的多种用途进行选择的权利（科斯，1937）。产权按照所有者性质的不同可以分为两类：私有产权和公共产权。

科斯从产权和交易费用的角度出发，研究了私人产权，并提出通过产权交易来解决外部性的研究思路。持有相同观点的经济学家们认为，对自身拥有的产品的占有、使用、改变、馈赠、转让和不受侵犯的一组权利都被认为是拥有产权的表现。现实生活中，如果钢铁生产企业被赋予"为获取利润可以任意处置河水"

的权利，这就意味着钢铁生产企业拥有对河水的产权，可以随意排放污染物；如果沿河的居民被赋予"拒绝任何污染，使用清洁河水"的权利，就意味着沿河居民拥有对河水的产权，有权制止钢铁企业污染河水的行为。

（2）交易成本。交易成本是指，在经济活动中，为达成任何一项自愿交易所必须耗费的各项费用的总和。这里的费用包含的范围广阔，既包括市场调查和情报收集的成本，也包括条件谈判和起草合同等活动所付出的成本。从当事人的角度来看，所有成本的付出其根本目的是了解对手的真实情况，克服信息不完全或信息不对称，进而实现保护自己的合法权益的目的。从其他人的角度来看，为减少当事人的交易成本，需要政府出面设立一套完整的机构和制度，切实保护人们的合法权益，但这样反过来也增加了交易成本。

科斯定理（1960）指出，只要交易成本足够低，通过合理界定产权，私人市场同样可以有效解决外部性的问题。然而，现实中按照科斯定理处理外部性的情况并不多见，这主要是由于存在高昂的交易成本。由于诸多因素，如人和人之间的健康状况等，无法实现内部化，所以通过合并行为主体将外部性内部化也只是在有限的领域内可行。实践中，仍然由政府通过识别私人成本和社会成本之间的差距，确定外部性的程度，进而采用合理的经济和行政手段克服市场失灵，来消除外部性的影响。

3. 外部性的治理

在治理外部性问题方面，经典的庇古税（Pigovian Taxes）理论指出，修正负外部性的税收规模应该等于外部性的规模。庇古税具有"双重红利"：一方面可以减少负外部性消费；另一方面可以降低其他扭曲性税收的征收力度，改善经济的整体效率。当然，实践中庇古税的双重红利是否存在也取决于多方面的因素，如外部性消费的弹性、与其他消费行为的交叉弹性、现有的财政收支结构、社会福利函数的设定等。特别需要注意的是，双重红利之间是可能存在替代性关系的，如果外部性消费的价格弹性较大，则庇古税收入较少，对降低其他扭曲性税收意义不大；反之，如果外部性消费的价格弹性较小，则庇古税可以实现的环境收益较为有限。

已有研究证明，在有其他扭曲性税收的次优环境中，最优庇古税水平低于经典理论预测的结果。然而，有部分学者从效率和公平平衡的角度反对这一观点。雅各布斯和德穆吉（2015）指出，在扭曲性税收如累进的所得税可改善收入分配的情况下，其成本可由再分配收益弥补，此时最优庇古税水平与经典理论预测一致。雅各布斯和德穆吉的研究表明，由于政府存在多目标属性，所以以不同政策工具间的替代和互补关系会随之变化，这些变化直接影响最优财政工具的选择。

（二）课程思政设计

本案例以共享单车的乱停现象为切入点，围绕外部性问题展开学习讨论。通过了解外部性的概念、分类以及产权和交易成本等相关内涵，在学生掌握基本概念的基础上，进一步深刻把握负外部性给社会经济生活带来的负面影响，进而充分体会财政作为宏观调控的重要手段，在解决市场失灵中的责任，进而增强爱国情怀和责任担当，同时养成良好的社会责任感。

案例 1-1　如何认识外部性？		
教学内容	思政要素融入点	育人目标
外部性的概念与分类 产权与交易成本 外部性的治理	本案例可以挖掘的思政点： （1）国家意识、公共意识和政治认同 （2）正确的世界观、人生观和价值观 （3）社会责任感	从共享单车社会乱象治理层面树立国家意识，同时在层层递进、不断深入的分析讨论中强化政治认同感，树立正确的世界观、人生观和价值观

四、教学案例使用

（一）主要采用的教学方法与手段

本次案例采用的教学手段主要为问题导向、实事案例分析、教师讲授及小组讨论等。

（二）教学过程的组织与实施

1. 课前学习

课前通过在线学习平台发布学习通知，以问题思考与探讨的方式，提前布置学习任务与要求，让学生阅读材料并提前思考共享单车乱停乱放为什么要治理，对即将学习的内容有一定的了解和认识。

2. 课中学习

课堂讲完外部性的概念、分类和产权以及交易成本后，把案例内容展示给学生，同时让学生结合日常生活的经历，谈一下对于外部性的理解。然后以小组讨论的方式，对案例进行进一步延伸剖析，思考解决外部性的具体手段有哪些？哪一些有财政的影子？为什么政府要参与到外部性问题的解决中去？通过理论联系实际，增加代入感，进一步培养学生学以致用及分析的能力。

3. 课后学习

课后要求学生结合数字案例，进一步了解外部性，并结合已有知识进一步深入阅读学术论文和著作，从专业角度思考、领悟外部性问题，在讨论课中以小组形式阐述思想，进行交流。

（三）考核与评价

本思政案例的考核与评价主要包括如下方面：

考核评价指标	考核评价内容	考核评价方式
知识	理解和掌握外部性的概念、分类和产权以及交易成本	课前课后练习 作业 单元测试
能力	在理解相关理论的基础上，能够学以致用，具备分析研究生活中的正外部性和负外部性的能力，能够对政府解决负外部性的原因进行深入剖析	研讨 观点分享 案例分析
素质	要求学生在学习基本理论的基础上，把握负外部性给社会经济生活带来的负面影响，更深层次地感受社会责任感和公德心	团队讨论评测打分 小组内部评测打分 知识点讲解 作业、单元测试的完成情况
思政	充分体会财政作为宏观调控的重要手段在解决市场失灵中的社会责任，进而增强学生的爱国情怀和责任担当，同时养成良好的社会公德	读后感的写作 课前、课中、课后的表现 职业追求 价值取向

五、引申思考

（1）结合我国环境治理特色和"双碳"目标的实现，谈一下如何通过环境规制影响碳排放效率的外部性。

（2）你是如何看待网络外部性的？如何解决？

六、推荐阅读文献

[1] 王亚华，舒全峰 . 公共事物治理的集体行动研究评述与展望 [J]. 中国人口·资源与环境，2021(4):118-131.

[2] 董长贵，蒋艳，李瑜敏 . 电价交叉补贴的多维视角：效率、公平、外部性与供给约束 [J]. 中国人口·资源与环境，2022(7):137-150.

[3] 黄玖菊，林雄斌，杨家文，等 . 城市公共空间"公地悲剧"治理：以共享单车为例 [J]. 城市发展研究，2021，28(5):93-101.

[4] 陈璟珂 . 浅析共享单车领域中"公地悲剧"的成因 [J]. 市场周刊，2020(4):133-134.

[5] 张琰飞，朱海英，魏昕伊 . 乡村旅游扶贫开发中的"反公地悲剧"治理多案例分析 [J]. 农村经济，2020(7):70-77.

[6] B Jacobs, R A De Mooij.Pigou meets Mirrlees: On the irrelevance of tax distortions for the second-best Pigouvian tax[J].Journal of Environmental Economics & Management, 2015(1):127-156.

案例 1-2

"绿水青山就是金山银山"，谈财政资源配置职能

一、教学目标

（一）基本教学目标

1. 知识目标

要求学生在回顾微观经济学中关于市场失灵部分的内容后，理解和掌握财政职能的基本内涵和分类。

2. 能力目标

财政职能是由财政本质决定的、财政本身固有的，财政职能并不会因为人的意志而转移。本案例的学习要求在理解财政职能的基础上，能够学以致用，具备分析政府介入环境治理领域的原因，进而分析说明背后的深层次背景及原因的能力。

3. 素质目标

财政是国家治理的基础和重要支柱。要求学生明白财政在优化社会资源配置、公平收入分配、促进社会稳定和谐发展等方面发挥的重要作用，充分感受社会主义国家制度优越性。

（二）思政教学目标

通过本案例的学习，从财政职能中的资源配置职能的角度，深入了解财政在改善环境、维护生态健康、实现人类命运共同体方面发挥的作用，同时对未来的

财经工作者们进行社会主义核心价值观教育，帮助学生树立正确的世界观、人生观和价值观。

二、案例描述

材料一：我们的地球正在变绿

2019 年，一支由美国国家航空航天局（National Aeronautics and Space Administration, NASA）赞助的多国研究团队在 *Nature* 子刊 *Nature Sustainability* 上发表了题为 *China and India Lead in Greening of the World Through Land-use Management*（《中国和印度通过土地利用管理引领世界变绿》）的研究论文。该研究通过 Terra 和 Aqua 卫星长达 20 年的观测发现，2000 年以来，地球的绿色面积增加了 5%，相当于增加了一个亚马逊雨林。与人们原本设想的情况不同，是中国和印度这两个世界上人口最多的发展中国家通过植树造林和提高农业效率，主导了过去 20 年的全球陆地变绿——植被叶面积的增加。

从 20 世纪 90 年代开始，科学家就注意到了 NASA 卫星数据中显示的地球绿化现象，起初科学家认为是全球气候变暖、地球变得更加潮湿、大气中二氧化碳增加导致地球的绿色植被面积增加，但是后续的研究发现，人类在这方面也做出了突出的贡献。科学家们开始追踪地球森林覆盖面积及其变化情况，2000—2017 年的卫星数据显示，中国和印度的绿色面积变化格外醒目。其中，地球新增的绿化面积大约 1/4 来自中国，其贡献比例位居世界首位（见图 1-1）。

除 NASA 卫星数据发现地球正在变绿外，新华社也曾经制作了四期《卫星看中国》的图文故事，全面细致地展示了《减碳节能的中国贡献》。卫星动态图非常直观地展示了中国的绿化面积在逐年变化，这是我国多年以来大力推进植树造林所取得的显著成果。其中，较为突出的是塞罕坝林场的巨大变迁，三代建设者接力奋斗、不懈努力，最终造出了世界最大面积的人工林，这一项泽被后世的壮举也被联合国环境规划署授予了"地球卫士奖"。另一个典型案例是库布齐沙漠被联合国确定为"全球沙漠生态经济示范区"，库布齐沙漠曾被称为"死亡之海"，但是经过近 30 多年的艰辛治理，最终实现了绿进、沙退、增收。

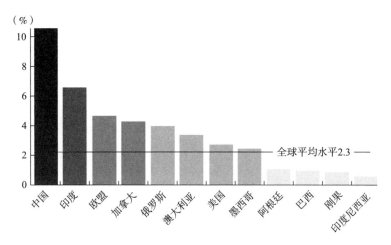

图 1-1　中国和印度引领绿地面积变化

"绿水青山就是金山银山"是我国倡导的构建人类命运共同体理念的重要组成部分，体现了共建清洁美丽世界的中国经验和中国智慧。这一生态文明理念近年来已经走出国门、走向世界，世界各国对此给予了持续关注。党的二十大报告指出，要坚持绿水青山就是金山银山的理念，坚持山水林田湖草沙一体化保护和系统治理，全方位、全地域、全过程加强生态环境保护，让我们的天更蓝、山更绿、水更清。新时代背景下协同推进生态环境保护和社会经济发展，是世界各国政府共同面临的重大课题。绿水青山就是金山银山的理念体现了人与自然和谐共生的要求，在实践中要尊重自然、顺应自然、保护自然，社会各界要以实际行动改善生态环境质量、主动促进绿色发展、积极实现环境惠民、创新推动生态文明体制改革。

材料二：草木植成，国之富也

如今的湖南，绿水青山随处可见，蓝天白云渐成常态，老百姓喜笑颜开。政府花钱买生态，办成了"功在当代、利在千秋"的大好事。"十三五"时期，湖南财政坚持生态优先、绿色发展理念，集中财力推进生态文明建设，2016—2020 年全省共投入污染防治和生态修复方面的资金达到 1849 亿元，其中仅 2020 年就达到 437 亿元。

在推进"一江一湖"治理上，湖南省财政集中财力，牵头制定出台生态环境专项整治工作的财政奖补方案，推出一系列的措施，包括：第一，以增量带存量。在新增财政用于生态治理的预算同时，保持原有资金使用性质不变，加大资金统筹整合力度，以奖代补支持"一江一湖"治理。第二，整合专项资金投入。

引导各市州、县市区加大资金投入，整合上级下达的目标接近、方向类同、管理方式相近的污染防治类专项资金。第三，确保财政困难县、市的资金。对财力特别困难的市、县，省级以奖补资金采取"先预拨、后考核、再清算"的方式拨付，确保资金及时到位。

为推进"一江一湖"治理，2018—2020 年湖南省财政累计争取中央奖补资金 20 亿元。"十三五"时期已累计下达湘江流域治理奖补资金 16.4 亿元、洞庭湖区域治理奖补资金 22.33 亿元。

在财政大力支持和引导下，湖南省环境治理初见成效。据林业部门监测，"十三五"以来，洞庭湖区越冬候鸟每年增长 2 万余只，总数达 24.7 万只。中华秋沙鸭、小白额雁、白鹤、小天鹅、白鹳等珍稀鸟类频繁现身，见证湖区生态环境持续改善。同时，绿色生产与绿色消费也逐渐成为主流。老百姓过去"盼温饱"，现在"盼环保"；过去"求生存"，现在"求生态"。绿水青山、蓝天白云，成为群众对美好生活的追求和向往。

三、案例知识点分析与课程思政设计

（一）案例知识点分析

1. 财政的职能

财政职能是指财政作为国家分配社会产品、调节经济活动的重要手段所具有的职责和功能。财政职能是财政参与社会分配的重要基础，它是由财政本质所决定的，不以人的意志为转移。

社会主义市场经济条件下，财政包括三大职能：优化资源配置职能、公平收入分配职能、促进经济稳定和发展职能。

第一，优化资源配置职能。优化资源配置职能是指政府通过税收、财政补贴、国债等手段动员社会资源，弥补市场失灵，实现经济资源的合理配置。

第二，公平收入分配职能。公平收入分配职能是指通过财政收入和财政支出的制度安排，实现对收入分配的合理调整，这里的手段既包括税收手段，也包括财政补贴、社会保险等手段。

第三，促进经济稳定和发展职能。通过财政的自动稳定功能和相机抉择功能，在失业和经济萧条时实行赤字财政，在充分就业和通货膨胀时实行盈余财政，熨平经济波动。同时，政府通过税收优惠调整支出结构，以经济增长为核心，促进社会经济持续发展。

2. 财政的资源配置职能

政府通过财政收支活动和采用恰当的财政与税收政策工具，引导和调整经济社会资源的流量和流向，实现资源的优化配置，以期达到最大的经济效益和社会效益，这就是财政的资源配置职能。

资源配置是运用较为有限的自然资源和社会资源，使其进行组合，最终形成一定的资产结构、产业结构、技术结构和地区结构等。经济学研究中的核心问题之一就是资源配置问题，即如何有效利用有限的资源去实现尽可能大的使用效率。实现资源的有效利用本质上包含两方面的含义：第一，资源得到充分利用。资源的稀缺性是前提，所以资源能否得到充分利用决定了一国的实际产出和福利水平。第二，资源是否被恰到好处地使用，即是否达到资源的最优配置。在有限资源总量配置效率高低程度一定的情况下，全社会资源总量越接近于充分利用，社会资源的使用效率就越高。一般来说，资源总体利用的问题等同于宏观经济总量利用的问题，关于这个问题，我们也会在财政收入、财政支出和财政政策等相关章节中进行介绍。在本案例中，我们讨论的财政资源配置职能有一个假定前提，那就是资源利用程度一定或者说预算应该保持平衡。

良好的自然生态环境是面向大众的最公平的公共产品，也是最普惠的民生福祉。在推进中国特色社会主义现代化建设过程中，我们要在资源有效利用的同时努力实现人与自然和谐共生。人们对良好自然生态环境的追求其实体现了创造更多物质财富和精神财富以满足人民日益增长的美好生活需要，提供更多优质生态产品以满足人民日益增长的优美生态环境需要。

3. 财政介入资源配置的机制和手段

财政作为资源配置的有效手段，在弥补市场失灵方面可以发挥重要作用。这些实现资源有效配置的机制和手段主要包括以下四个方面：

第一，实现资源在政府和私人部门之间的合理配置，即解决由政府配置资源还是由市场配置资源的问题。

第二，优化财政支出结构。在纷繁复杂的财政支出项目中，要明确哪些是最重要的，哪些相对次要；哪些是本年度要着重解决的，哪些是下一年度要解决的。

第三，合理运用财政收支政策，调节市场机制。

第四，提高财政配置资源的效率。提高财政支出本身的效率，即通过成本效益分析法、最低费用选择法等实现财政支出的绩效评价。

（二）课程思政设计

"绿水青山就是金山银山"理念深刻阐释了经济发展与生态环境保护的科学关系，揭示了保护生态环境就是保护生产力、改善生态环境就是发展生产力的道理，同时指明了实现发展和保护协同共生的路径。这一理念传承了马克思主义关于人与自然关系的思想精华，体现了人与自然、社会与自然的双重复归。本案例就财政的资源配置职能问题展开学习讨论。通过了解财政职能的概念以及资源配置职能的内涵，在学生掌握基本理论的基础上，充分体会我国在财政履行公共财政职能，保护环境、改善生态等方面所做出的贡献，旨在通过人类命运共同体这一全球价值观，帮助学生了解并树立这一价值观中所包含的相互依存的国际权力观、共同利益观、可持续发展观和全球治理观。

案例1-2 "绿水青山就是金山银山"，谈财政资源配置职能		
教学内容	思政要素融入点	育人目标
财政的职能 财政的资源配置职能	本案例可以挖掘的思政点： （1）社会主义制度优越性 （2）人类命运共同体理念	增进学生对国家制度和改革发展成就的理性认同，激发学生强烈爱国情感、经世致用的社会责任感和担当意识

四、教学案例使用

（一）主要采用的教学方法与手段

本案例采用的教学手段主要为问题导向、实事案例分析、教师讲授及小组讨论等。

（二）教学过程的组织与实施

1. 课前学习

课前通过在线学习平台发布学习通知，以问题思考与探讨的方式提前布置学习任务与要求，让学生阅读材料并提前思考，对即将学习的内容有一定的了解和认识。

2. 课中学习

课堂讲完公共财政职能后，把案例内容展示给学生，同时结合"双碳"战略目标，让学生站在国家和社会的角度，充分感悟人类命运共同体理念。同时，让学生思考在现有的公共政策制定中还有哪些方面可以继续提升，还可以运用哪些财政税收手段来实现既定的生态目标。让学生联系实际，在充分了解国情的基础上，通过理论联系实际，增加代入感，进一步培养学生的学以致用及分析能力。

3. 课后学习

课后要求学生结合数字案例，进一步了解财政的资源配置职能，并结合已有知识进一步深入阅读学术论文和著作，从专业角度思考、领悟问题，在讨论课中以小组形式阐述思想，进行交流。

（三）考核与评价

本思政案例的考核与评价主要包括如下方面：

考核评价指标	考核评价内容	考核评价方式
知识	理解和掌握财政职能，特别是资源配置职能的基本内涵和实现机制	回答问题 练习 作业 单元测试
能力	在理解财政职能的基础上，能够学以致用，具备分析政府介入环境治理领域的原因，进而分析说明背后的深层次背景及原因的能力	研讨 观点分享 案例分析
素质	引导学生深入社会，了解国情，关注现实问题，特别注重教育引导学生善于发现现实中的财政问题，讲好中国故事	团队讨论评测打分 小组内部评测打分 知识点讲解 作业、单元测试的完成情况
思政	增进学生对经济制度和改革发展取得的伟大成就的理性认同，激发学生强烈的爱国情怀，树立责任感和担当意识	课前、课中、课后的表现 职业追求 价值取向

五、引申思考

（1）如何理解市场在资源配置中起决定性作用和如何更好地发挥政府的作用？

（2）财政可以通过什么手段实现碳减排目的？如何构建财政金融协同机制来促进"双碳"目标的实现？

六、推荐阅读文献

[1] Chen Chi, Park Taejin, Wang Xuhui, Piao Shilong, Xu Baodong, Chaturvedi Rajiv K, Fuchs Richard, Brovkin Victor, Ciais Philippe, Fensholt Rasmus, Tømmervik Hans, Bala Govindasamy, Zhu Zaichun, Nemani Ramakrishna R, Myneni Ranga B.China and India lead in greening of the world through land-use management[J]. Nature Sustainability, 2019(2)：122-129.

[2] 王竹泉 . 公共资源配置与政府社会资本 [J]. 财会月刊，2022(3):16-21.

[3] 徐孝民，王劲 ."后 4% 时代"高等教育财政资源配置差异研究——基于 Shapley 值回归方程分解方法 [J]. 中国高教研究，2022(1):42-48.

[4] 刘文军 . 财政资源配置绩效评价的三个向度 [J]. 中国财政，2022 (3):53-55.

[5] 史金凤，樊甜甜，杨威 . 政府支持企业创新的财政资源配置效应及优化对策 [J]. 系统科学与数学，2021(11):3151-3169.

[6] 赵哲，谭建立 . 中国地方财政支出的碳减排效应研究——基于新型城镇化调节效应的实证分析 [J]. 财经论丛，2022(11):41-50.

[7] 毛晖，王明月，梁天琪 . 助力"双碳"目标的地方财政金融协同机制 [J]. 地方财政研究，2022(5):37-46.

案例 1-3

大数据讲述脱贫攻坚伟大成就

一、教学目标

（一）基本教学目标

1. 知识目标

掌握收入分配不均衡这一市场失灵的表现；了解解决收入分配不均衡的方法和途径。

2. 能力目标

在回顾《微观经济学》学习内容的基础上，能简单分析导致收入分配不均衡的原因；结合本章学习内容，进一步使学生具备分析政府介入扶贫领域原因的能力，进而能够分析说明其深层次背景及原因。

3. 素质目标

通过本案例的学习，让学生体会财政在脱贫攻坚过程中发挥的重要作用，进一步感受社会主义国家制度优越性和中国政府以人民为中心的发展思想。

（二）思政教学目标

贫困是人类社会面临的共同敌人。通过本案例的学习，让学生对我国脱贫攻坚的伟大成就及现实情况有更清晰的了解，旨在培养学生"实事求是、一切从实际出发"的素养，进一步增进学生对社会主义国家制度和近年来我国在脱贫攻坚等方面取得的成就的理性认同，激发学生强烈的爱国情感，同时塑造学生经世致用的社会责任感和担当意识，在经济管理领域培养知行合一的社会主义事业建设者和接班人。

二、案例描述

材料一：中国抗击贫困取得伟大成就

自古以来，贫困就是人类社会面临的共同敌人。古今中外、历朝历代，治国安邦的头等大事之一都是反贫困，让更多的人过上衣食富足的美好生活。纵观中华民族上下五千年的悠久历史可以发现，历史的演进变迁过程就是一部中华民族不断同贫困抗争的过程。从屈原"长太息以掩涕兮，哀民生之多艰"的感慨，到杜甫"安得广厦千万间，大庇天下寒士俱欢颜"的憧憬，再到孙中山"家给人足，四海之内无一夫不获其所"的夙愿，都直观具体地反映了中华民族对摆脱贫困、丰衣足食的深深渴望。进入近代社会，封建统治的腐朽伴随着西方列强的入侵，政局动荡和战乱使得当时的中国社会民不聊生，贫困笼罩并困扰着人民。摆脱贫困、过上富足美好的生活，成了亿万中国人民孜孜以求、不断追求的梦想，也成为实现中华民族伟大复兴中国梦的核心目标之一。

中华人民共和国成立以来，党和国家就高度重视农村的扶贫减贫工作，先后出台实施了一系列的中长期扶贫规划，如一开始采取救济式的扶贫方式，后面开始实施开发式扶贫方式，再到精准扶贫模式……从多样化的脱贫扶贫尝试中，我们逐步探索出了一条符合中国国情的扶贫开发道路，也为最终全面建成小康社会奠定了坚实的物质基础。党的十八大以来，我国脱贫攻坚战全面打响，区域性整体减贫成效明显，贫困人口规模大幅度减少，群众生活水平大幅提高。2021年，全国脱贫攻坚总结表彰大会在北京人民大会堂隆重举行，国家主席习近平向世界庄严宣布，我国脱贫攻坚战取得了全面胜利。脱贫攻坚的全面胜利，为全球减贫事业做出了重要贡献，主要表现在两个方面：

第一，贫困人口数量明显下降。针对区域发展不均衡问题，从20世纪80年代中期开始，我国开始实施以贫困地区为重点的有针对性、有计划的扶贫开发政策，如《国家八七扶贫攻坚计划》和《中国农村扶贫开发纲要（2011—2020年）》，减轻了农村贫困程度，减少了贫困人口。

自党的十八大全面打响脱贫攻坚战以来，我国扶贫工作取得了决定性进展。国家统计局数据显示，2013—2020年，全国农村贫困人口累计减少9899万人，年均减贫 1237 万人，贫困发生率年均下降 1.3 个百分点。一半以上农村减贫人口来自西部地区。分地区 ① 看，2013—2020 年，西部地区农村贫困人口累计减少 5086 万人，减贫人口占全国减贫人口的 51.4%，年均减少 636 万人；中部地区农村贫困人口累计减少 3446 万人，减贫人口占全国减贫人口的 34.8%，年均减少 431 万人；东部地区农村贫困人口累计减少 1367 万人，减贫人口占全国减贫人口的 13.8%，年均减少 171 万人。

中国的全球减贫贡献率超过七成，为世界减贫做出突出贡献。改革开放以来，按照世界银行每人每天 1.9 美元的国际贫困标准，我国减贫人口占同期全球减贫人口的 70% 以上。联合国秘书长古特雷斯在 2021 年祝贺中国脱贫攻坚取得重大历史性成就的致函中指出，"中国取得的非凡成就为整个国际社会带来了希望，提供了激励。这一成就证明，政府的政治承诺和政策稳定性对改善最贫困和最脆弱人群的境况至关重要"。

第二，贫困地区 ② 居民收入快速增长。党的十八大以来，党中央、国务院高度重视贫困地区发展，不断加大支持力度，贫困地区农村居民收入实现较快增长。国家统计局数据显示，2020 年贫困地区农村居民人均可支配收入 12588 元，2013—2020 年年均增长 11.6%；扣除价格因素，年均实际增长 9.2%。分区域看，2020 年，集中连片特困地区农村居民人均可支配收入 12420 元，2013—2020 年年均增长 11.6%。国家扶贫开发工作重点县农村居民人均可支配收入 12499 元，2013—2020 年年均增长 11.9%。

在贫困地区居民收入快速增长的同时，居民收入结构也在持续优化，工资性收入成为收入首要来源。2020 年我国贫困地区农村居民人均工资性收入 4444 元，占可支配收入的比重为 35.3%，比 2013 年提高 3.7 个百分点。经营净收入稳定增长，非农经营收入占比提高。2020 年我国贫困地区农村居民人均经营净收入 4391 元，占可支配收入的比重为 34.9%。其中，人均二三产业经营净收入 1192

---

① 东部地区包括北京、天津、河北、辽宁、上海、江苏、浙江、福建、山东、广东、海南。中部地区包括山西、吉林、黑龙江、安徽、江西、河南、湖北、湖南。西部地区包括内蒙古、广西、重庆、四川、贵州、云南、西藏、陕西、甘肃、青海、宁夏、新疆。

② 贫困地区包括原 832 个国家扶贫开发工作重点县和集中连片特困地区县，2017 年开始将享受片区政策的新疆维吾尔自治区阿克苏地区 7 个市县纳入监测范围。

元，年均增长 12.8%，占可支配收入的比重比 2013 年提高 1.0 个百分点。财产、转移净收入快速增长，收入来源更加多元化。2020 年我国贫困地区农村居民人均财产净收入、转移净收入分别达到 185 元和 3567 元，合计占可支配收入的比重为 29.8%，比 2013 年提高 7.3 个百分点。

材料二：财政资金助力脱贫攻坚[①]

2022 年 3 月，财政部、国务院发展研究中心与世界银行共同发布了名为《中国减贫四十年：驱动力量、借鉴意义和未来政策方向》的报告，回顾了 40 多年来中国的减贫成效。报告显示，按照世界银行每人每天 1.9 美元的绝对贫困标准，40 年来中国减少贫困人口数量接近 8 亿，占同期全球减贫人数的 75% 以上。在这彪炳史册的人间奇迹中，财政助力脱贫攻坚取得了积极成效。

脱贫攻坚取得的伟大成就离不开财政资金的不断投入和支持。近年来，各级财政部门始终将脱贫攻坚投入保障放在财政工作最为突出的位置，通过制度建设保障脱贫攻坚任务的投入机制。

（1）不断加大财政专项扶贫资金投入力度，注重发挥财政专项扶贫资金的主导作用。2016—2020 年，中央财政累计安排补助地方专项扶贫资金 5305 亿元，每年新增安排 200 亿元，到 2020 年扶贫资金总额达到了 1461 亿元。

（2）强化县级基本财力保障，贫困县涉农资金整合初见成效。首先，引导"两不愁三保障"相关的资金，以及农业生产、水利、交通、生态等专项转移支付向贫困地区倾斜，推动解决贫困地区突出问题。2016—2020 年，全国 832 个贫困县累计统筹整合使用各级财政涉农资金规模超过 1.5 万亿元，为打赢脱贫攻坚战提供了充足的"粮草军需"和政策支撑。

（3）出台支持脱贫攻坚的财税政策。出台支持易地扶贫搬迁、促进贫困人口创业就业、引导社会力量参与扶贫捐赠等多项支持脱贫攻坚的税费优惠政策。以贴息引导金融机构发放扶贫贷款，督促地方加强贷款风险防范。开展中央财政对地方优势特色农产品保险奖补试点，奖补政策向贫困地区倾斜。

（4）拓宽资金渠道及措施。通过财政补助和贴息引导，支持地方多渠道筹集

---

① 财政支持决战决胜脱贫攻坚积极有效 [EB/OL]. 财政部农业农村司，（2020–11–03）. https://m.gmw.cn/baijia/2020–11/03/34334634.html.

易地扶贫搬迁资金近 6000 亿元。通过城乡建设用地增减挂钩节余指标跨省域调剂政策筹资 1896 亿元，拓宽脱贫攻坚和乡村振兴资金渠道。通过贷款贴息、风险补偿，截至 2020 年，累计引导金融机构投放扶贫小额信贷 6000 多亿元。

三、案例知识点分析与课程思政设计

（一）案例知识点分析

1. 公平收入分配职能

财政的公平收入分配职能就是要求在财政参与国民收入的分配和调节过程中，运用多种财政工具，达到收入分配的经济公平和社会公平。

财政进行公平收入分配的逻辑前提之一是要厘清市场分配与财政分配的原则界限。通常意义上来讲，凡是市场能做的，财政就不参与其中。因此，在市场经济中，市场可以形成较为合理的企业职工工资、租金收入、利息收入、股息红利收入、企业利润等，使之符合经济公平，所以财政原则上不应直接介入这些要素价格的形成（稀缺资源的垄断性收入除外）。

2. 财政介入收入分配的机制和手段

（1）运用政府税收调节企业收入和个人收入，使之符合社会公平。这里主要是通过企业所得税、个人所得税、消费税、遗产税和赠与税等，充分发挥税收在调节收入分配方面的积极作用。

（2）规范政府的资产性收入。防止政府利用手中特权与民争利。

（3）规范工资制度。确保收入分配的公平、合理。

（4）完善社会保险制度。通过建立完善的社会保险制度，确保基本生活需要。

（5）完善特殊群体的社会保障制度。通过社会优抚、社会福利和社会救济等方式，建立起多层次的社会保障体系。

（二）课程思政设计

本案例围绕我国脱贫攻坚的伟大成就展开。

围绕财政的收入分配职能问题展开学习讨论。通过了解财政职能的概念以及收入分配职能的内涵，在学生掌握基本理论的基础上，充分体会我们国家在履行公共财政职能，在公平收入分配特别是实现脱贫目标等方面做出的贡献，让学生进一步了解国情，了解脱贫攻坚如何让贫困群众显著改善了生活，增强全国各族人民的凝聚力和向心力，进而帮助学生了解并树立人类命运共同体这一价值观中所包含的相互依存的国际权力观、共同利益观、可持续发展观和全球治理观。

案例 1-3 大数据讲述脱贫攻坚伟大成就		
教学内容	思政要素融入点	育人目标
财政的职能 财政的收入分配职能	本案例可以挖掘的思政点： （1）社会主义制度优越性 （2）人类命运共同体理念	增进学生对当前国情和减贫开发成就的理性认同，激发学生强烈爱国情感、经世致用的社会责任感和担当意识

四、教学案例使用

（一）主要采用的教学方法与手段

本案例采用的教学手段主要为问题导向、实事案例分析、教师讲授及小组讨论等。

（二）教学过程的组织与实施

1. 课前学习

课前通过在线学习平台发布学习通知，以问题思考与探讨的方式提前布置学习任务与要求，让学生阅读材料并提前思考，对即将学习的内容有一定的了解和认识。

2. 课中学习

课堂讲完公共财政职能后，把案例内容展示给学生，同时结合"共同富裕"的目标，让学生站在国家和社会的角度，充分感悟人类命运共同体理念。同时，让学生思考在现有的公共政策制定中还有哪些方面可以继续提升，还可以运用哪些财政税收手段来实现既定的目标。让学生联系实际，在充分了解国情的基础上，通过理论联系实际，增加代入感，进一步培养学生的学以致用及分析能力。

3. 课后学习

课后要求学生结合数字案例，进一步了解财政职能，并结合已有知识进一步深入阅读学术论文和著作，从专业角度思考、领悟问题，在讨论课中以小组形式阐述思想，进行交流。

（三）考核与评价

本思政案例的考核与评价主要包括如下方面：

考核评价指标	考核评价内容	考核评价方式
知识	理解和掌握财政职能，特别是收入分配职能的基本内涵和实现机制	回答问题 练习 作业 单元测试
能力	在理解财政职能的基础上，能够学以致用，具备分析政府为什么要介入贫困治理和收入分配领域的能力，进而能够分析说明背后的深层次背景及原因	研讨 观点分享 案例分析
素质	引导学生关注国情，了解40多年来减贫开发的伟大成就，特别注重教育引导学生善于研究社会问题，用心用情讲好中国故事	团队讨论评测打分 小组内部评测打分 知识点讲解 作业、单元测试的完成情况
思政	增进学生对当前国情和减贫开发成就的理性认同，激发学生强烈爱国情感和经世致用的社会责任感和担当使命感	课前、课中、课后的表现 职业追求 价值取向

五、引申思考

（1）如何实现脱贫攻坚与乡村振兴的有效衔接？

（2）如何合理利用财政工具实现共同富裕目标？

六、推荐阅读文献

[1] 许宪春，许英杰 . 政府税收与国民收入分配 [J]. 西安交通大学学报（社会科学版），2022(4):1-9.

[2] 权衡 . 共同富裕：收入分配研究范式演进及其理论创新 [J]. 上海交通大学学报（哲学社会科学版），2022(6):22-30.

[3] 代志新，高宏宇，程鹏 . 促进共同富裕的税收制度与政策研究 [J]. 财政科学，2022(1):83-95.

[4] 林江，徐世长，王姿迪 . 现代财政制度与共同富裕探讨 [J]. 财政监督，2022(3):5-13.

[5] 展望，李钢 . 中国减贫治理的经验与效果测度 [J]. 经济管理，2022(2):17-35.

[6] 张立承 . 建立解决相对贫困长效机制：财政扶贫政策的"进"与"退" [J]. 理论探讨，2021(6):111-118.

[7] 宋凤轩，孙颖鹿 .1978 年以来国内外财政扶贫理论研究综述——基于文献的计量比较 [J]. 河北经贸大学学报，2019(3):31-39.

第二章

财政支出的基本理论

本章案例思维导图

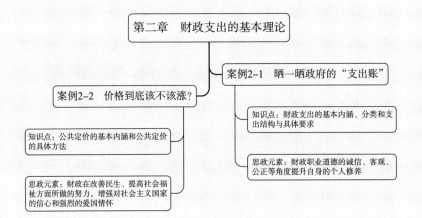

案例 2-1

晒一晒政府的"支出账"

一、教学目标

（一）基本教学目标

1. 知识目标

要求学生理解和掌握财政支出的基本内涵、分类和支出结构与具体要求。

2. 能力目标

在理解财政的支出职能的基础上，能够学以致用，具备分析近年来我国财政支出结构变化的能力，进而能够分析说明这种支出结构变化背后的深层次背景及原因，更深层次地理解财政取之于民、用之于民的特点。

3. 素质目标

社会要发展，财政很重要。要求学生明白财政在优化社会资源配置、公平收入分配、促进社会稳定和谐发展等方面发挥的重要作用，从财政职业道德的诚信、客观、公正等角度提升自身的修养。

（二）思政教学目标

通过本案例的学习，从财政支出的角度，深入了解财政在促进与改善民生、构建人类命运共同体方面发挥的作用，同时也对未来的财经工作者们进行社会主义核心价值观教育，帮助学生树立正确的世界观、人生观和价值观。

二、案例描述

材料一：预算报告看民生 读懂 2021 年"国家账本"①

坚持以人民为中心，走高质量发展之路，是"十四五"时期乃至更长时期我国经济社会发展的主题。《2021 年财政预算报告》开篇就点出财政要实现节用为民，政府要有过紧日子的思想准备，在财政收入有限的情况下财政依然要确保基本民生支出只增不减。

按照财政预算报告的数字，2021 年全国一般公共预算支出超过 25 万亿元，增长 1.8%。在民生等相关支出中教育支出最多，占到财政支出的 15.3%，其中学生资助补助经费增长幅度为 16.3%，是增长幅度最大的一项；社会保障和就业支出占 13.8%；卫生健康支出占 7.5%。

社保支出一直是财政支出的重要组成部分。2021 年各级财政继续加大对企业职工基本养老保险基金的补助规模，通过中央基金调剂确保养老金按时足额发放。此外，2021 年退休人员的基本养老金待遇在继续提高的同时，也提高了优抚对象的抚恤和生活补助标准，一系列举措确保地方做好困难群众兜底保障工作。

公共卫生的财政投入力度也将继续加大。报告指出，2021 年居民医保人均财政补助标准达到每人每年 580 元，比 2020 年度增加 30 元。继续实施新冠病毒疫苗及接种免费政策，通过医保基金负担的费用给予补助。

材料二：财政支出中的"一增一减"

《2021 年财政预算报告》对财政资金的使用也有新变化，总结来说，主要体现在"一增一减"。

1. "一增"即积极的财政政策进一步提质增效

在财政资金的下达方面，2021 年《政府工作报告》对建立常态化财政资金直达机制提出了明确的要求，并准备进一步扩大财政直达的范围。2021 年中央

---

① 预算报告看民生，读懂 2021 年"国家账本"[EB/OL]. 央广网，（2021-03-11）. https://baijiahao. baidu.com/s?id=1693899642173494342&wfr=spider&for=pc.

财政资金直达资金为 2.8 万亿元，有力地支持了市县基层惠企利民财税政策。2021 年要基本实现中央财政民生补助资金全覆盖，进一步增强财政支出的绩效意识，使民生补助直达资金快、严、准地实现下达，切实给群众和社会主体带来利益。

在财政支出的结构安排方面，2021 年全国一般公共预算支出增长了 1.8%，超过 25 万亿元。着重用于基础研究支出、就业补助资金支出和企业职工基本养老保险基金支出等，着力保障财政支持重点领域，把财政资金真正用在了"刀刃"上。

2. "一减"即全面落实政府过紧日子要求

近年来，财政运行一直坚持的就是过紧日子的原则，这一词语也是 2021 年预算报告中的关键词。2021 年中央本级财政支出大幅压减非急需、非刚性支出，同时对重点项目和政策性补贴也遵循审批从严从紧的原则，中央本级财政支出实现负增长，节省的资金用于加大中央对地方的转移支付规模。2021 年，中央对地方的转移支付规模超过 8.3 万亿元，进一步缓解了基层财政运行困难。真正实现以政府过"紧日子"换取市场主体过"稳日子"、老百姓过"好日子"。

三、案例知识点分析与课程思政设计

（一）案例知识点分析

1. 财政支出分类

财政支出，又称政府支出或公共支出，是政府为履行其职能，对其从私人部门集中起来的以货币形式表示的社会资源的支配和使用。财政支出分类是研究财政支出问题的前提和基础。从目前来看，财政支出可以按照政府的功能、经济性质和政府行政级次等多个标准进行分类。在实践中，财政支出按照支出科目分类是细化预算编制、规范预算执行的重要举措，也是世界各国的通行做法。

2007 年，我国进行了政府收支分类科目改革，逐步建立适应预算管理要求的支出经济分类科目。2015 年，新的《中华人民共和国预算法》（以下简称《预算法》）正式实施。《预算法》第 32 条明确规定：各部门、各单位应当按照国务院财政部门制定的政府收支分类科目、预算支出标准和要求，以及绩效目标管理等预算编制规定，根据其依法履行职能和事业发展的需要以及存量资产情况，编制本部门、本单位预算草案。各级政府和各部门在按功能分类编制预算的同时，还要按支出经济分类编制预算，从而更清晰、完整、细化地反映政府支出各方面的情况，从而有利于进一步提升预算编制的科学化、精细化水平，提高预算透明度。

2. 民生支出

财政支出的分类与结构在一定程度上反映了财政职能的构成与实现。近年来，全社会都在高度关注财政民生支出规模与构成，国家始终把民生保障问题放在各项工作的首要位置。2021 年以来，多地财政用于民生的支出占一般公共预算支出的比重都超过了七成，居民生活质量持续改善。

3.《中华人民共和国预算法》

1994 年 3 月 22 日，第八届全国人民代表大会第二次会议正式通过《中华人民共和国预算法》，并于 1995 年 1 月 1 日起施行。《中华人民共和国预算法》主要用于规范政府收支行为，强化预算约束，加强对预算的管理和监督，建立健全全面规范、公开透明的预算制度，保障经济社会的健康发展。历经四次关于预算法修改的审议，2014 年 8 月 31 日，第十二届全国人民代表大会常务委员会第十次会议表决通过了《全国人大常委会关于修改〈预算法〉的决定》，新预算法于 2015 年 1 月 1 日起在全国正式施行。

（二）课程思政设计

本案例围绕年度财政支出安排展开学习讨论。通过了解财政支出预决算，在学生掌握财政支出基本分类的基础上，充分了解财政在优化资源配置、公平收入分配和促进宏观经济发展方面的职能，并体会财政在关注民生支出、构建人类命运共同体方面做出的贡献，旨在培养学生的财政民生视角，了解财政支出法定原则，树立正确的社会主义核心价值观。

教学内容	思政要素融入点	育人目标
财政支出的分类 财政的职能实现	根据财政支出案例可以挖掘的思政点： （1）财政支出法定，即法制原则 （2）财政支出关注民生，即财政取之于民用之于民 （3）财政职能的实现，人类命运共同体理念	从财政支出层面培养学生财政法制的理念、财政关注民生的思想，培养学生热爱祖国、关注民生的良好道德情操

案例2-1 晒一晒政府的"支出账"

四、教学案例使用

（一）主要采用的教学方法与手段

本次案例采用的教学手段主要为问题导向、实事案例分析、教师讲授及小组讨论等。

（二）教学过程的组织与实施

1. 课前学习

课前通过在线学习平台发布学习通知，以问题思考与探讨的方式提前布置学习任务与要求，让学生阅读材料并提前思考，对即将学习的内容有一定的了解和认识。

2. 课中学习

课堂讲完财政支出的分类和结构后，把案例内容展示给学生，同时结合最新的年度（季度）财政支出数据，分析财政支出的结构变化，让学生结合前一章财政的职能知识点，站在国家和社会的角度，充分感悟财政取之于民、用之于民。同时，让学生思考在现有的财政支出结构中还有哪些方面的短板亟待解决。最后，提前引出财政支出法定的思想，为后面预算章节的学习奠定基础。通过理论联系实际，增加代入感，进一步培养学生的学以致用及分析能力。

3. 课后学习

课后要求学生结合数字案例，进一步了解财政支出结构变化的更多原因，并从专业角度思考、领悟，在讨论课中以小组形式阐述思想，进行交流。

（三）考核与评价

本思政案例的考核与评价主要包括如下方面：

考核评价指标	考核评价内容	考核评价方式
知识	理解和掌握财政支出的基本内涵、分类和支出结构与具体要求	回答问题 练习 作业 单元测试
能力	在理解财政的支出职能的基础上，能够学以致用，具备分析近年来我国财政支出结构变化的能力，进而能够分析说明这种支出结构变化背后的深层次背景及原因，更深层次地理解财政取之于民、用之于民的特点	研讨 观点分享 案例分析
素质	社会要发展，财政很重要。要求学生明白财政在优化社会资源配置、公平收入分配、促进社会稳定和谐发展等方面发挥的重要作用，从财政职业道德的诚信、客观、公正等角度提升自身的个人修养	团队讨论评测打分 小组内部评测打分 知识点讲解 作业、单元测试的完成情况
思政	从财政支出的角度，深入了解财政在促进与改善民生、构建人类命运共同体方面发挥的作用，同时也对未来的财经工作者们进行社会主义核心价值观教育，帮助学生树立正确的世界观、人生观和价值观	读后感的写作 课前、课中、课后的表现 职业追求 价值取向

五、引申思考

（1）结合财政用于科学、教育、文化、卫生、医疗支出的构成情况，分析财政是如何发挥职能促进科学、教育、文化、卫生事业迅速发展的。

（2）为什么政府要在民生支出上给予格外倾斜？试从财政职能的视角进行分析。

六、推荐阅读文献

[1] 边恕，刘泽阳，张铭志.民生财政支出最优规模测算：以辽宁省为例 [J].

财经问题研究，2022(7):86-94.

[2] 李斌，李拓，朱业.公共服务均等化、民生财政支出与城市化——基于中国 286 个城市面板数据的动态空间计量检验 [J]. 中国软科学，2015(6):79-90.

[3] 贾敬全，宋晨泽.民生财政支出对居民消费的空间溢出效应分析 [J]. 统计与决策，2021(14):157-160.

[4] 闫坤，鲍曙光.紧平衡状态下财政支出改革研究 [J]. 财经问题研究，2022(9):94-103.

[5] 张鼎祖，申幸杰，孟昕晴.国家审计对地方财政支出结构的影响研究 [J]. 财经理论与实践，2022(3):78-85.

案例 2-2

价格到底该不该涨？

一、教学目标

（一）基本教学目标

1. 知识目标

要求学生回顾微观经济学中的价格歧视和弹性概念，重点理解和掌握公共定价的基本内涵和公共定价的具体方法。

2. 能力目标

财政有提供公共产品的职责，但是公共产品的定价问题历来是社会公众格外关注的问题。本章要求学生在案例思考的基础上，能够掌握公共定价的具体方式，并对不同的定价方式进行比较分析。

3. 素质目标

亚当·斯密曾经说过："财政是庶政之母。"在财政提供公共产品的过程中既要考虑效率原则，同时必须兼顾公平。通过本案例的学习让学生体会财政在改善民生、提高社会福祉方面所做的努力，进而增强对社会主义国家的信心和强烈的爱国情怀。

（二）思政教学目标

通过本案例的学习，在了解公共定价的相关知识点基础上，深入了解财政对促进与改善民生、实现人类命运共同体方面发挥的作用，同时进一步增强广大青年学生对社会主义国家的信心和强烈的爱国情怀。

二、案例描述

材料一：六处世界文化遗产的景区门票涨价

2004 年 11 月 30 日，北京市发展和改革委员会就故宫博物院、颐和园、八达岭长城、天坛公园、十三陵定陵、十三陵长陵六处世界文化遗产的景区门票价格调整举行听证会。现行的景点门票价格和调整后景点门票价格调整情况见表 2-1。

表 2-1　六处世界文化遗产的景区门票价格调整情况

景区	现行的景点门票价格（元）		调整后的景点门票价格（元）	
	淡季	旺季	淡季	旺季
故宫博物院	40	60	80	100
颐和园	20	30	60	80
八达岭长城	35	40	60	80
天坛公园	10	15	30	50
十三陵定陵	40	60	50	70
十三陵长陵	30	45	30	50

除了上述景点门票价格的基本变化，各景点也相应出台了针对北京人和老年人的年、月票价格优惠措施。例如，天坛公园和颐和园公园作为附近居民晨练和休闲的主要场所，就提出月票价格原则上不超过两张门票的价格，年票价格也大多在 200 元以下，老年人更优惠。

受本次景点门票价格的调整影响最大的群体是外地来京游客。以八达岭长城段的情况来看，八达岭长城段年均接待游客大约 400 多万人次，其中国内游客占比为 80%，国外游客占比 20%；国内游客中，省外游客占比约为 94%，来自周边地区的常住居民、游客约为 6%。对比涨价前后景点门票消费支出，2003 年的三口之家到北京六处世界文化遗产参观，门票支出仅为 750 元。如果按照调整后的价格计算，一家三口的门票花费为 1290 元，费用翻了将近一番。

景点申请方对为什么涨价给出了四个方面的理由：第一，六处世界文化遗产都面临损坏严重、缺乏修缮的困境，抢救性修复工作任务繁重，资金缺口巨大；第二，现行门票价格过低，无法充分体现世界文化遗产包含的历史、文化和社会价值在内的无形资产价值；第三，同类景点门票价格对比发现，六处世界文化遗产门票价格普遍低于国内其他地方价格；第四，价格杠杆可以发挥对参观流量的调节，避免超负荷参观，起到保护文物古迹的作用。

对此，很多专家和学者也提出了质疑，他们认为，世界文化遗产参观点是公益性场所由国家定价低于平均价格提供，那么就一定存在价格不能够完全补偿价值的结果。同时，价格变化应更多考虑公共产品和服务的公益性特点，要统筹考虑消费群体的差异性和社会总体消费水平的变动，价格的调整应该是周期性的、有节奏地调整。此外，作为公益性场所，北京世界文化遗产参观点的修缮等，涉及巨额资金投入的重大建设项目主要由政府投入，六处世界文化遗产同时调高价格，就会导致外地游客到北京旅游的整体消费支出大幅增加。

材料二：上海水价时隔八年再次上调

2021 年，经过上海市发展和改革委员会深入研究和反复论证，初步形成上海市新一轮水价调整方案，这也意味着上海自来水用水价格时隔八年将再次调整，并于 2021 年 8 月召开居民听证会，进一步听取社会意见和建议。

本次调整主要涉及的是两家市属供排水企业，即上海城投水务（集团）有限公司和上海浦东威立雅自来水有限公司。国家发展和改革委员会发布的《关于加快建立完善城镇居民用水阶梯价格制度的指导意见》（发改价格〔2013〕2676 号）规定，适度拉大供水价格第一、第三阶梯的比价关系，第一、第二阶梯的比价关系维持不变。综合考虑相关因素，本次水价保持各阶梯水量不变，但是对居民各阶梯水价标准进行了调整，如表 2-2 所示。其中，供排水企业的供水价格为 2.27元 / 立方米，应缴纳污水处理费为 1.82 元每立方米。

表 2-2　调整前后阶梯水价水量对应

阶梯	每年户均阶梯水量	每立方米阶梯水价	
		调整前（元）	调整后（元）
第一阶梯	0-220 立方米（含）	3.45	4.09
第二阶梯	220-300 立方米（含）	4.83	5.72
第三阶梯	300 立方米以上	5.83	8.63

按照占市区 80% 以上的居民的户均月生活用水量 15 立方米测算，水价调整

后的户均月平均水费支出约 61.35 元，占上海常住居民户均可支配收入的 0.42%，增加的水费支出占户均可支配收入约 0.60‰。

三、案例知识点分析与课程思政设计

（一）案例知识点分析

1. 公共定价的概念与范畴

公共定价即政府运用行政权力确定产品价格，它是政府相关部门通过一定的程序和规则制定提供公共产品的价格和收费标准。当政府需要提供满足社会公共需要的市场性产品和服务时，政府就需要选择适当的定价方法，合理地确定产品价格和服务价格。一方面使这些产品和服务得到最有效的使用，另一方面也实现提高财政支出效益的目的。

公共定价既包括纯公共定价，又包括管制定价。纯公共定价，就是政府针对像能源、通信、交通等公用事业和煤、石油等基本品行业，直接制定自然垄断行业价格。管制定价是指政府规定如金融、教育、保健等行业的竞争性管制行业价格。公共定价法并不适合于所有的公共产品价格的确定，从适用范围看，主要适用于成本好衡量、效益难计算但可以部分或全部进入市场交易的项目。

2. 公共定价的方法

无论是纯公共产品定价还是管制定价，最关键的核心在于定价方法的选择。

第一，边际成本定价法。即以产品的边际成本作为定价底限，使价格定于边际成本等于平均收益相等之处，即 MC=AR，此时社会福利最大，又称为最优定价。这种定价方法确定的产品价格和服务价格较低，对社会福利的提高有很大帮助，但是定价方法的缺陷也很明显：①若行业的边际成本小于平均成本，处于边际报酬递增的阶段，此方法必然会导致企业亏损，无法长期经营，因此需要政府补贴等方式进行弥补以维持企业正常运转。②价格需要经常变动，造成公共产品费率结构复杂，容易造成物价的波动和经济不稳定。③定价过低，容易造成基本设施的建造成本无法回收。

第二，平均成本定价法。以公共产品支出的平均单位成本来决定价格水平，即价格定于平均成本曲线与平均收益曲线相交处。这种定价方法比边际成本定价法定价水平高，可能会导致资源无法充分被利用。平均成本定价尽管有效率损失，但与任由垄断企业定价相比，效率有了很大的改善。

第三，二部定价法。即产品的价格是由两个部分组成：一部分是固定费，另一部分是从量费。固定费按通常情况下消费者人数计算的平均固定成本来定，主要用于弥补固定成本；这部分费用只与消不消费有关，与消费数量无关；从量费按边际成本等于边际效用的原则来定，主要用于弥补可变成本；这部分与消费产品的数量直接相关。二部定价法具有以收支平衡为条件实现经济福利最大化的性质，所以几乎所有受管制的行业都普遍采用这种定价方法。

第四，负荷定价法。即按不同时间段或时期的需求制定不同的价格，在需求处于最高峰时，收费最高；而处于最低谷时收费最低。例如，航空、旅游等行业，按需求的高峰和非高峰的不同，有区别地制定不同的价格，以平衡需求状况。

（二）课程思政设计

本案例围绕财政如何通过公共定价以高效提供公共产品、保障基本公共服务的需要的内容展开，通过本案例的学习，让学生掌握基本的公共定价知识和技能，同时更深刻地感悟社会主义财政在满足人民对于美好生活向往方面所做的努力。

案例 2-2　价格到底该不该涨？

教学内容	思政要素融入点	育人目标
公共定价的概念 公共定价的方法 公共定价的目的	根据财政支出案例可以挖掘的思政点： （1）通过公共定价向社会公众提供低价质优的公共产品和服务，以满足人民对于美好生活的向往 （2）财政的公平原则	以理论联系实际穿插公共产品实践案例，让学生从公共定价的课程中，全面认识到社会主义制度优越性，深刻领会以人民为中心的发展理念，全面了解国情，提高分析问题、明辨是非和价值判断能力

四、教学案例使用

（一）主要采用的教学方法与手段

本次案例采用的教学手段主要为问题导向、实事案例分析、教师讲授及小组讨论等。

（二）教学过程的组织与实施

1. 课前学习

课前通过在线学习平台发布学习通知，以问题思考与探讨的方式，提前布置学习任务与要求，让学生阅读材料并提前思考，对即将学习的内容有一定的了解和认识；同时要求学生通过社会调查方式，了解当前所在城市的地铁、自来水、天然气、电、暖气等产品的价格。

2. 课中学习

在课堂讲解公共定价的概念和分类方法后，把案例内容展示给学生，同时结合地铁、自来水、电、天然气、暖气等产品的定价方式，让学生结合所学内容，从财政视角分析案例内容。在讨论中引导学生既要注意产品的公共属性，又要综合考虑地方政府的财政压力问题。在充分讨论的基础上结合实际情况进一步指出现有定价方式的不足并分析其根本原因。通过理论联系实际，增强学生参与感，进一步培养学生的学以致用及分析能力。

3. 课后学习

课后要求学生结合数字案例，进一步了解公共定价的更多方法，并从专业角度思考、领悟，在讨论课中以小组形式阐述思想，进行交流。

（三）考核与评价

本思政案例的考核与评价主要包括如下方面：

考核评价指标	考核评价内容	考核评价方式
知识	理解和掌握公共定价的原因、基本内涵、适用领域和定价方法	回答问题 练习 作业 单元测试
能力	在理解公共定价的基础上，能够学以致用，具备分析当前我国部分公共事业领域的公共定价策略的能力，进而能够分析说明这种定价背后的深层次背景及原因，更深层次的理解财政取之于民、用之于民的特点	研讨 观点分享 案例分析

续表

考核评价指标	考核评价内容	考核评价方式
素质	要求学生明白财政在优化社会资源配置、公平收入分配、促进社会稳定和谐发展等方面发挥的重要作用，充分感受社会主义制度的优越性	团队讨论评测打分 小组内部评测打分 知识点讲解 作业、单元测试的完成情况
思政	让学生全面认识到我国社会主义制度优越性体现在普通民众生活的方方面面，深刻领会我们党和政府一切为了人民、一切依靠人民、发展成果全民共享的执政理念，深刻体悟到正确认识世界、全面了解国情、把握时代大势、提高分析问题、明辨是非和价值判断能力的重要性	读后感的写作 课前、课中、课后的表现 职业追求 价值取向

五、引申思考

（1）查找资料，了解 20 世纪中后期以后西方经济学界对最优公共定价的讨论，重点了解 Ramsey-Boiteux 法则，研究其如何基于公平和效率两个目标深入研究最优公共定价机制。

（2）结合公共定价的理论前沿，从预算、市场环境、需求、信息四个方面分析影响我国公共定价机制的主要因素并提出优化建议。

六、推荐阅读文献

[1] 包晓丽，齐延平.论数据权益定价规则 [J]. 华东政法大学学报，2022(3): 64-79.

[2] 陈林，张涛.重大突发公共事件下重要民生商品价格纵向传导与福利损失 [J]. 经济与管理研究，2022(5):3-16.

[3] 邹光勇，刘明宇.公共景区门票价格管理理论述评——基于国际比较视角 [J]. 旅游学刊，2021(6):60-73.

[4] 郑佳宁.现代能源产品价格形成机制的法律思考——在市场与规制之间 [J].

北京理工大学学报（社会科学版），2021(1):150–161.

[5] 杨全社，王文静 . 西方公共定价理论——发展脉络及最新进展 [J]. 首都经济贸易大学学报，2012(4):110–115.

[6] 李莉，王琼 . 综合管廊 PPP 项目入廊费测算模型研究——基于二部定价法 [J]. 会计之友，2020(16):89–94.

财政支出的规模与结构

本章案例思维导图

第三章　财政支出的规模与结构

案例3-1　从1978—2022年财政支出规模看中国巨变

案例3-2　保障民生支出，财政投入"节节高"

知识点：财政支出规模及其增长趋势

思政元素：感受政府在时代发展中所做的努力，从而增强民族自豪感和共建责任心

知识点：财政支出结构同政府职能之间的关系及民生支出的基本项目

思政元素：理解保障民生的重要性

从 1978—2022 年财政支出规模看中国巨变

一、教学目标

（一）基本教学目标

1. 知识目标

要求学生了解财政支出规模及其增长趋势，掌握关于财政支出增长的几种理论解释。

2. 能力目标

在理解财政的支出规模理论的基础上，能够学以致用，会使用财政支出规模理论解释财政支出规模增长的原因，进而了解影响财政支出规模增长的主要因素，理解我国财政支出规模变化的特殊性。

3. 素质目标

学生通过对比国家间财政支出规模的大小，思考影响财政支出规模的现实因素。学生可以从辩证的视角来审视事物，善于概括总结并进行预测，从而提高分析问题和创新思维的能力。

（二）思政教学目标

通过本案例的学习，使学生了解国家财政职能，让他们从国情出发，深入理解中国在政治、经济、社会和文化方面的发展进程。学生还可以通过理解经济增长不同阶段国家财政收支结构调整的原因，感受到政府在时代发展中所做的努力，从而增强他们的民族自豪感和共建责任心。

二、案例描述

材料一：2018 年财政支出呈三大亮点①

2018 年我国的财政支出规模超过 22 亿元，其中呈现出以下三个重要亮点：

第一个亮点是，从支出速度来看，财政支出保持了较高的强度和较快的进度。在 2018 年的第一季度、上半年和前三个季度，全国一般公共预算支出的进度都非常快，分别达到 24.3%、53.2% 和 77.8%，均超过或接近历年最快的进度，为实施国家重大发展战略、推进重点领域改革、促进实体经济发展等提供了强有力的支持。

第二个亮点是，在重点领域方面，财政支出得到了较好的保障。在脱贫攻坚方面，全国扶贫支出增长了 46.6%，达到 4770 亿元。其中，中央财政专项扶贫资金规模增长了 23.2%，达到 1061 亿元。在污染防治和自然生态保护方面，全国的支出分别增长了 29.6% 和 17.5%。中央财政投入约 2555 亿元支持污染防治和生态环境保护，增长了 13.9%。特别是在大气、水、土壤污染防治方面，投入力度较大。

第三个亮点是，中央对地方转移支付的力度持续增加。财政部网站公布的数据表明，2018 年中央对地方的转移支付支出达到 61686 亿元，增长了 8.2%。其中，均衡性转移支付增长了 9.2%，达到 24442 亿元；重点生态功能区转移支付增长了 15%，达到 721 亿元；老少边穷地区转移支付增长了 15.7%，达到 2133 亿元；县级基本财力保障机制奖补资金增长了 10%，达到 2463 亿元。这些转移支付措施有效提升了基层财政保障能力，确保基层不会出现保工资、保运转和保基本民生方面的问题。

材料二：财政支出向生态环保倾斜

我国环保产业历经"政策元年"的 2015 年→产业井喷式发展的 2016 年→

---

① 2018 年我国财政支出规模突破 22 万亿，呈现三大亮点 [EB/OL]. 央视新闻客户端，（2019–01–23）. http://m.news.cctv.com/2019/01/23/ARTIiHqJOxAvdRY7gpb4uJ47190123.shtml.

"十三五"关键节点的 2017 年→环保行业巨变发展的 2018 年，进入 2019 年，水土固废气的大监管格局已形成，在新的格局下，环保产业进入全面的政策深耕时代。

国家对于环保产业的支持不仅体现在政策上，还加大了对我国节能环保产业的财政支出力度（见图 3-1）。根据财政部数据，2014—2019 年，除 2016 年有所回落，其余年份我国节能环保产业财政支出呈上升趋势，年均增长率接近 9%。2019 年，我国节能环保产业财政支出 7444 亿元，同比增长 17.17%；2020 年以来受经济下行的影响，尽管节能环保产业财政支出总额略有降低，但总体规模与发展中国家甚至部分发达国家相比依然较大。

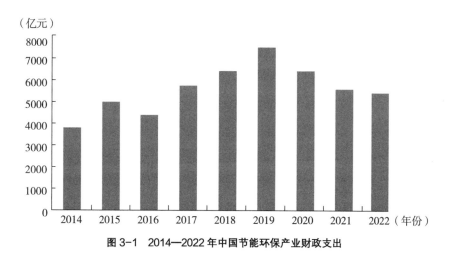

图 3-1　2014—2022 年中国节能环保产业财政支出

资料来源：笔者根据财政部公布的历年数据整理。

随着国家环境保护政策的密集出台，我国环境污染治理投资总额持续增加，节能环保产业规模保持强劲增长。到 2021 年底，我国节能环保产业规模占 GDP 的比重已超过 0.59%。在"碳中和""碳达峰"和"十四五"时期的一系列目标和规划的推动下，我国节能环保产业规模仍将继续扩大。思瀚产业研究院报告预测，到 2027 年我国节能环保产业产值规模有望超 19 万亿元。

节能服务行业是节能环保产业的重要细分行业。中国节能协会节能服务产业委员会（EMCA）数据显示，我国节能环保服务产业市场规模保持强劲增长，到 2021 年达到 0.81 万亿元，同比增长 35.00%（见图 3-2）。

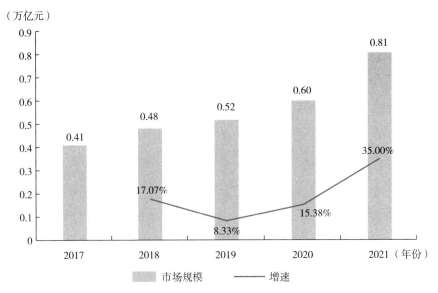

图 3-2　2017—2021 年中国节能环保服务行业市场规模及增速

资料来源：笔者根据国家发展和改革委员会公布的历年数据整理。

材料三：中国的财政收入一直呈现增长态势[①]

2012—2021 年，全国一般公共预算收入从 11.73 万亿元增长到 20.25 万亿元，十年累计达到 163.05 万亿元，年均增长率为 6.9%。这为中国实现第一个百年奋斗目标提供了坚实的财力保障。同时，全国税收部门组织的税收收入（已扣减出口退税，不含关税、海关进口环节税收）也在不断增加，从 2013 年的 9.5 万亿元增加到 2021 年的 15.5 万亿元，累计完成 112 万亿，年均增长率为 6.8%。可以看出，税收筹集对于中国财政收入的贡献作用十分显著。

我国一直秉持"取之于民、用之于民"的财政理念，致力于不断扩大财政支出规模，为经济和社会事业的发展提供有力支持。如图 3-3 所示，国家一般公共预算支出规模从 2012 年开始逐年增加，从 12.6 万亿元增长到 2021 年的 24.63 万亿元，十年累计增长 193.64 万亿元，年均增长 8.5%。这一增长趋势有力地促进了经济和社会事业的全面发展和进步，展现了我国财政的坚强实力。

---

① 财政部：十年来财政收入年均增长 6.9%　财政"蛋糕"越做越大 [EB/OL]. 中国经济网，（2022–05–17）. https://baijiahao.baidu.com/s?id=1733059064048524496&wfr=spider&for=pc.

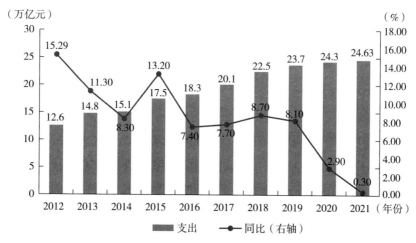

图 3-3　2012—2021 年国家一般公共支出情况

资料来源：每日经济新闻。

自党的十九大以来，国家对财政性全国教育经费、社会保障和就业、卫生健康支出等领域的支持逐年增加。图 3-4、图 3-5 和 3-6 数据显示，2017—2021年，国家财政性教育经费从 3.42 万亿元增长到 4.60 万亿元；社会保障和就业支出从 2.46 万亿元增长到 3.37 万亿元；卫生健康支出从 1.45 万亿元增长到 1.91 万亿元。此外，基本养老、基本医疗、城乡低保等标准也逐步提高，为促进人民生活水平的提高和全面发展做出了积极贡献。

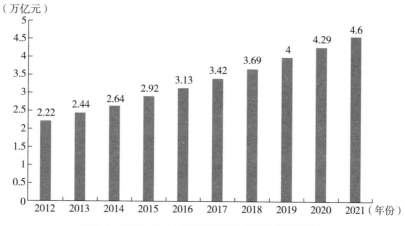

图 3-4　2012—2021 年国家财政性全国教育经费投入

资料来源：每日经济新闻。

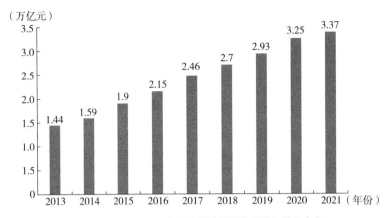

图 3-5　2013—2021 年国家财政性社会保障和就业支出

资料来源：每日经济新闻。

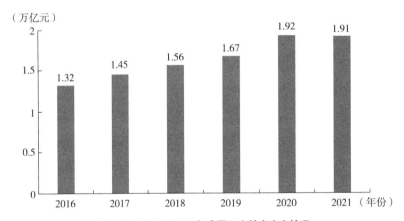

图 3-6　2016—2021 年我国卫生健康支出情况

资料来源：每日经济新闻。

材料四：2022 年财政收支情况良好，重点支出保障有力

财政政策积极有为、重点支出保障有力——财政部公布 2022 年全国财政收支情况，在新华社记者申诚、梁晓纯 2023 年 1 月 31 日的报道中，我们看到财政部公布了 2022 年全国财政收支情况。数据显示，全国一般公共预算收入已超过 20 万亿元，支出也超过了 26 万亿元。在新闻发布会上，相关负责人表示："总体来说，2022 年预算执行情况良好。"这一结果反映了我国财政运行的稳健和健康，为国家经济和社会的发展提供了有力支撑。

2022 年，全国一般公共预算收入增长 0.6%，扣除留抵退税后增长 9.1%。其中，全国税收收入下降 3.5%，扣除留抵退税后增长 6.6%。受国内外复杂因素影响，2022 年第二季度经济下行压力加大，加之大规模增值税留抵退税政策的实施，税收收入一度出现较大幅度下滑。下半年，随着一揽子稳经济政策和接续措施的落实，工业、服务业生产经营等经济活动总体上有所恢复，全年相关税种实现不同程度增长。

2022 年，我国各项税费政策措施快速出台，形成了良好的组合效应，全年减税降费和退税缓税缓费的总额超过 4.2 万亿元，主要包括：累计退到纳税人账户的增值税留抵退税款 2.46 万亿元，超过 2021 年办理留抵退税规模的 3.8 倍；新增减税降费超 1 万亿元，其中新增减税超 8000 亿元、新增降费超 2000 亿元；办理缓税缓费超 7500 亿元。这些政策的出台为企业减轻了负担，促进了市场活力的释放，为我国经济发展注入了新的动力。国家税务总局数据显示，2022 年，国内增值税比上年下降 23.3%，但扣除留抵退税因素后增长 4.5%。同时，国内消费税、企业所得税、个人所得税分别比上年增长 20.3%、3.9%、6.6%。

在财政支出方面，2022 年，全国一般公共预算支出 260609 亿元，比 2021 年增长 6.1%。其中，中央一般公共预算本级支出比上年增长 3.9%；地方一般公共预算支出比 2021 年增长 6.4%。财政部门在加强财政资源统筹方面取得了显著成效，2022 年各项必要支出得到了有力保障，民生等重点领域支出得到充分优化。具体来看，教育支出比 2021 年增长 5.5%，达到 39455 亿元；科学技术支出比 2021 年增长 3.8%，达到 10023 亿元；社会保障和就业支出比 2021 年增长 8.1%，达到 36603 亿元；卫生健康支出比 2021 年增长 17.8%，达到 22542 亿元；交通运输支出比 2021 年增长 5.3%，达到 12025 亿元。[①]

三、案例知识点分析与课程思政设计

（一）案例知识点分析

1. 财政支出规模的衡量指标

财政支出规模是指在一定时期（预算年度）内，政府根据国民经济发展状况

---

① 财政政策积极有为　重点支出保障有力 [EB/OL]. 新华每日电讯，（2023-01-31）. http://www.xinhuanet.com/mrdx/2023-01/31/c_1310693943.htm.

和政府职能实现的要求等因素，安排和使用财政资金的绝对量与相对量。

衡量财政支出规模的指标通常有绝对指标和相对指标。绝对指标即财政支出的绝对规模，是以一国货币单位表示的、预算年度内政府实际安排和使用的财政资金的数量总额。相对指标即政府支出的相对规模，是指在预算年度内政府实际安排和使用的财政资金的金额占相关经济总量指标。

2. 反映财政支出增减变化情况的指标

由财政支出规模的绝对指标和相对指标可以衍生出反映财政支出增减变化情况的三个指标：财政支出增长率、财政支出增长的弹性系数和财政支出增长的边际倾向。

财政支出规模直接受到经济发展水平的影响。财政支出是政府履行职能的需要，是"上层建筑"，在财政支出规模变化上，"经济基础"决定"上层建筑"的规律仍适用。

3. 财政支出规模变化理论

（1）政府活动扩张理论。"瓦格纳法则"：人均国民生产总值（GNP）的提高会导致经济总量增加，同时会使财政支出规模相应增加。因此，财政支出占GNP 的比重也会相应提高。

（2）梯度渐进增长理论。这一理论由英国经济学家皮考克和威丝曼提出：在正常年份财政支出呈现一种渐进的上升趋势，但当社会经历剧变，财政支出规模会急剧上升；当这种剧变时期过后，财政支出规模将下降，但不会低于原来的趋势水平。

（3）经济发展阶段理论。

（4）非平衡增长理论。

（二）课程思政设计

本案例围绕多年财政支出规模安排展开学习讨论。通过了解财政支出规模的变化，使学生在掌握衡量财政支出规模指标的基础上，充分了解我国不同年度的财政支出规模，分析财政支出发展变化的一般趋势理论及其相关影响因素时，可以运用历史唯物主义的观点。启发学生感知祖国的强大，弘扬以爱国主义为核心的民族精神。

案例 3-1　从 1978—2022 年财政支出规模看中国巨变		
教学内容	思政要素融入点	育人目标
财政支出增长的衡量指标 财政支出规模变化趋势理论	根据财政支出案例可以挖掘的思政点： （1）探究衡量财政支出规模的各种指标之间的差异和联系，从辩证唯物主义的角度进行分析 （2）影响财政支出规模的因素：宏观方面（政治、经济、社会等），发现中国变化，感受强大	从财政支出层面培养学生将所学财政知识与社会经济相融合，总结经济发展趋势，预测发展趋势，让学生感知祖国的强大、弘扬民族精神

四、教学案例使用

（一）主要采用的教学方法与手段

本次案例采用的教学手段主要为问题导向、实事案例分析、教师讲授及小组讨论等。

（二）教学过程的组织与实施

1. 课前学习

课前通过在线学习平台发布学习通知，以问题思考与探讨的方式，提前布置学习任务与要求，让学生阅读材料并提前思考，对即将学习的内容有一定的了解和认识。

2. 课中学习

课堂讲授财政支出规模和变化理论后，把案例内容展示给学生，同时结合最新的年度（季度）财政支出数据，分析财政支出规模的变化，让学生结合所学知识点，比较国内外财政支出规模，全面了解我国经济的发展状况。同时，让学生思考从宏观方面影响财政支出规模的因素有哪些。最后，提前引出经常性支出包含哪些内容，为后面政府消费支出章节的学习奠定基础。通过理论联系实际，增加代入感，进一步培养学生的学以致用及分析能力。

3. 课后学习

课后要求学生结合数字案例，进一步了解财政支出规模变化的更多原因及影响，并从专业角度思考、领悟，在讨论课中以小组形式阐述思想，进行交流。

（三）考核与评价

本思政案例的考核与评价主要包括如下方面：

考核评价指标	考核评价内容	考核评价方式
知识	理解和掌握财政支出的基本内涵、分类和支出规模理论与具体要求	回答问题 练习 作业 单元测试
能力	在理解财政的支出职能的基础上，能够学以致用，具备分析近年来我国财政支出规模变化，进而分析说明这种支出规模变化背后的深层次背景及原因的能力，更深层次地理解财政取之于民、用之于民的特点	研讨 观点分享 案例分析
素质	社会要发展，财政很重要。要求学生明白财政在优化社会资源配置、推动公平收入分配、促进社会稳定和谐发展等方面具有重要的作用，从财政职业道德的诚信、客观、公正等角度提升自身的个人修养	团队讨论评测打分 小组内部评测打分 知识点讲解 作业、单元测试的完成情况
思政	从财政支出的角度，深入了解财政对促进与改善民生、实现人类命运共同体方面发挥的作用；同时对未来的财经工作者们进行社会主义核心价值观教育，帮助学生树立正确的世界观、人生观和价值观	读后感的写作 课前、课中、课后的表现 职业追求 价值取向

五、引申思考

（1）政府每年需要拨付多少财政资金维持社会正常运转？

（2）经济发展阶段和预算管理体制如何影响财政支出规模？

六、推荐阅读文献

[1] 姜铭 . 现行财税制度下，我国财政支出规模与结构探讨 [J]. 科技经济市场，2020(8):93–94.

[2] 王弟海，李夏伟，龚六堂 . 经济增长与结构变迁研究进展 [J]. 经济学动态，

2021(1):125–142.

[3] 吴敏，刘畅，范子英 . 转移支付与地方政府支出规模膨胀——基于中国预算制度的一个实证解释 [J]. 金融研究，2019(3):74–91.

[4] 高伟华，何聪，高琳 . 政府合并能削减财政支出规模吗——一项案例比较研究 [J]. 财经论丛，2023，294(1):14–24.

[5] 王雨伟 . 我国近七十年财政支出规模与结构的逻辑演变 [J]. 河北企业，2022，400(11):20–23.

[6] 王胜华 . 财政支出规模与结构优化：基于经济增长视角的分析 [J]. 统计与决策，2021，37(19):149–152.

案例 3-2

保障民生支出，财政投入"节节高"

一、教学目标

（一）基本教学目标

1. 知识目标

通过教学，使学生理解财政支出结构同政府职能之间的关系，了解民生支出的基本项目。

2. 能力目标

在理解财政支出结构变化的基础上，能够学以致用，掌握财政投入民生支出的比例及意义，进而合理确定我国财政支出的结构及存在的问题。

3. 素质目标

学生通过对比国家间财政支出结构变化，思考影响财政支出结构的现实因素。促使学生运用辩证发展的眼光看待事物，善于总结归纳与预测，提高分析问题和创新思维的能力。

（二）思政教学目标

民生支出虽然不直接生产物质财富，但为生产提供了必要的条件与环境。通过本案例的学习，让学生理解行政管理、国防等支出对保障民生的重要性。

二、案例描述

材料一：加大财政民生支出力度，保障和改善民生水平

根据滕娟记者在《财会信报》的报道，2020 年以来，全国各地区各部门认真落实党中央、国务院部署，大幅压减政府支出，加大基本民生保障。据统计，2020 年前三个季度养老金和离退休金人均同比增长 8.7%，社会救济和补助人均增长 12.9%。2020 年 11 月 6 日，国务院常务会议确定加强财政民生支出保障的措施，增强惠民政策获得感和可持续性。下一步，要坚持尽力而为、量力而行，逐步提高保障和改善民生水平。在预算安排上优先保障民生支出，对国家出台的统一民生政策做到应保尽保。

材料二：2022 年财政政策保持稳定，注重保就业、保民生、保市场主体发展，财政支出呈现可持续增长

2021 年《政府工作报告》提出，要保持宏观政策连续性、稳定性、可持续性。优化财政支出结构，提高财政支出效益，实现财政支出可持续增长，是积极的财政政策的要求。各级政府应加大对保就业、保民生、保市场主体的支持力度，节约开支，确保基本民生支出不降低，促进市场主体发展。积极的财政政策要体现以人民为中心的思想，坚持稳中求进的工作总基调，回应人民的需求，让老百姓获得更多的收益，发挥更好的效果。①

该政策的显著特征如下：第一，财政政策保持基本稳定，不急转弯。当前，世界经济形势仍然复杂严峻，各类衍生风险不容忽视。这就要求财政政策保持基本稳定，不急转弯，要审时度势、把握时机、精准施策，保持一定力度，推动构建新发展格局迈好第一步，见到新气象。

第二，为保持今后财政政策的衔接留出空间。近年来，我国持续减税降费，税收占国内生产总值比值持续下降，仅为 15.2%。这也是世界经济体中最低的比值，体现了惠及企业和人民的举措。我们应继续完整管理政府债务，并保持政府部门宏观杠杆率的基本稳定。我们既要维持必要的经济恢复支出力度，也要为应

---

① 李克强在政府工作报告中提出，今年着力稳市场主体保就业，加大宏观政策实施力度 [EB/OL]. 新华社，（2022-03-05）. https://baijiahao.baidu.com/s?id=1726421930998024734&wfr=spider&for=pc.

对未来的风险挑战留出政策空间。

第三，坚决解决财政风险隐患，持之以恒地解决地方政府隐性债务风险，防范基层"三保"支出风险，确保财政经济的稳健运行和可持续发展。

我们要确保财政收入取之于民、用之于民：一是必须合法合规征税，杜绝征收"过头税费"和虚增财政收入的现象，不得因为财政收支矛盾而违法违规，减轻群众和企业负担；二是要提高支出效益，优化结构、加强管理，确保资金使用的效率；三是要防止浪费，坚持勤俭节约的原则，把资金用在刀刃上，为民务实节约；四是要加强绩效管理，绩效管理应该覆盖所有财政资金，确保资金使用效果，对于无效支出要问责。

2022年，全国一般公共预算支出为260609亿元，比上年增长6.1%。其中，中央一般公共预算本级支出为35570亿元，增长3.9%；地方一般公共预算支出为225039亿元，增长6.4%。各主要支出科目的情况如下：教育支出为39455亿元，增长5.5%；科学技术支出为10023亿元，增长3.8%；文化旅游体育与传媒支出为3905亿元，下降2%；社会保障和就业支出为36603亿元，增长8.1%；卫生健康支出为22542亿元，增长17.8%；节能环保支出为5396亿元，下降3.2%；城乡社区支出为19415亿元，下降0.2%；农林水支出为22490亿元，增长2.3%；交通运输支出为12025亿元，增长5.3%；债务付息支出为11358亿元，增长8.7%。

材料三：看一看财政"民生账本"

2022年郁南县全县教育支出81422万元，增长6.71%，占一般公共预算支出比例超21%，每10元财政支出中有2元用于教育。郁南县还加快推进城镇学校基础设施建设，包括西江中学新校区建设、东坝和千官中心幼儿园升级工程建设、农村中小学校寄宿制学校工程建设，为更好地发挥教育服务国计民生的作用夯实基础。2022年郁南县全县的卫生健康支出为51493万元，增长16.52%，占一般公共预算支出比例超13%，每10元财政支出中有1元用于医疗卫生，致力于健全公共卫生服务体系，优化医疗卫生资源投入结构。此外，郁南县还持续深化医共体等重点领域改革，推进国家紧密型县域医共体试点县建设工作，提升乡镇卫生院医疗服务能力，建立健全适应乡村特点、优质高效的乡村医疗卫生体系，加强基层医疗能力建设，切实解决"群众看病难、看病贵"的问题。

　　郁南县财政积极应对收支紧平衡形势，建立分层分类保障机制，切实履行财政"三保"责任，优先保障"三保"等刚性支出。2022 年全县社会保障和就业支出 80097 万元，增长 55.34%，占一般公共预算支出比例超 21%，每 10 元财政支出中有 2 元用于社会保障和就业。这一支出主要用于推进国家居家和社区养老服务改革试点建设，做好社会保障服务设施兜底性工程，"兜"住最困难群体，做好困难群众基本生活保障，及时足额发放低保、困难救助、失业补助和救助等资金，同时做好困境儿童等重点人群的服务保障工作。2022 年全县农林水支出57773 万元，增长 3.87%，占一般公共预算支出比例超 15%，每 10 元财政支出中有 1.5 元用于农林水。郁南县财政统筹安排发放郁南县国家森林城市建设、农村人居环境整治、驻镇帮镇扶村等资金，巩固脱贫攻坚成果，推进乡村振兴工作，提升美丽乡村建设水平，有效营造了良好的金融生态环境，助力镇域经济发展，推动国家森林城市建设，做好城乡融合大文章。

三、案例知识点分析与课程思政设计

（一）案例知识点分析

　　财政支出是财政最主要的活动之一，反映了政府活动的范围及政府在社会经济活动中的作用和地位。财政支出可以从不同角度、按照不同依据进行分析、归纳和总结，这有利于准确反映财政支出活动的性质、范围及结构，提高财政支出的社会经济效益。随着改革开放的不断深入和市场经济体制的逐步建设，为了适应市场经济发展和公共财政体制建立的要求，我国政府不断转变职能，完善政府财政管理体制改革，逐步形成了符合社会主义市场经济要求的分配框架。民生支出是指各级财政部门用于建立覆盖城乡居民的社会保障体系，增加扩大就业、义务教育投入，提高城乡居民收入，建立基本医疗卫生制度等直接涉及群众利益方面的支出。近年来，我国在经济建设方面取得了有目共睹的巨大成就，但与此同时，社会经济领域也出现了不少问题。对于社会经济中出现的问题，党和政府将在经济发展的基础上，更加注重社会建设，着力保障和改善民生，推进社会体制改革，扩大公共服务。

（二）课程思政设计

本案例讲解财政支出的内涵及结构，重点阐述民生财政的意义，从而激发学生学习兴趣和提高思维能力。分析日常所接触的政府财政支出现象，并解释不同支出对社会经济和居民生活的影响，进而深入理解民生财政的目标——"为人民服务"。通过思政教学，培养学生对现实问题的思考能力，增强学生经邦济世的民族责任感。

案例 3-2　保障民生支出，财政投入"节节高"

教学内容	思政要素融入点	育人目标
财政支出结构变化，分析财政民生的意义及支出比例	根据财政民生支出案例可以挖掘的思政点：民生支出的内涵及保障民生的基本措施，培养学生对现实问题的思考，理解民生财政目标——为人民服务	从财政支出层面培养学生将所学财政知识与社会经济相融合，解释不同支出对社会经济和居民生活的影响，培养学生的民族责任感

四、教学案例使用

（一）主要采用的教学方法与手段

本案例采用的教学手段主要为问题导向、实事案例分析、教师讲授及小组讨论等。

（二）教学过程的组织与实施

1. 课前学习

课前通过在线学习平台发布学习通知，以问题思考与探讨的方式，提前布置学习任务与要求，让学生阅读材料并提前思考，对即将学习的内容有一定了解和认识。

2. 课中学习

课堂讲授财政支出的内涵及结构后，把案例内容展示给学生，分析比较财政民生支出的合适比例，讨论民生财政支出的内涵以及保障民生的基本措施，解释不同支出对社会经济和居民生活的影响，进而深入理解民生财政的目标——"为人民服务"。最后，提前引出经常性支出包含哪些内容，为后面政府消费支出章节的学习奠定基础。通过理论联系实际，增加代入感，进一步培养学生的学以致用及分析能力。

3. 课后学习

课后要求学生结合数字案例，进一步了解财政支出规模变化的更多原因及影响，并从专业角度思考、领悟，在讨论课中以小组形式阐述思想，进行交流。

（三）考核与评价

本思政案例的考核与评价主要包括如下方面：

考核评价指标	考核评价内容	考核评价方式
知识	理解和掌握财政支出的基本内涵、分类和支出结构与具体要求	回答问题 练习 作业 单元测试
能力	在理解财政的支出职能的基础上，能够学以致用，具备分析近年来我国财政支出结构变化的能力，进而能够分析说明这种支出结构变化背后的深层次背景及原因，更深层次的理解财政取之于民、用之于民的特点	研讨 观点分享 案例分析
素质	社会要发展，财政很重要。要求学生明白财政在如何优化社会资源配置、促进公平收入分配、推动社会稳定和谐发展等方面发挥财政支出的重要作用，从财政职业道德的诚信、客观、公正等角度提升自身的个人修养	团队讨论评测打分 小组内部评测打分 知识点讲解 作业、单元测试的完成情况
思政	从财政支出的角度，深入了解财政对促进与改善民生、实现人类命运共同体方面发挥的作用，同时也对未来的财经工作者们进行社会主义核心价值观教育，帮助学生树立正确的世界观、人生观和价值观	读后感的写作 课前、课中、课后的表现 职业追求 价值取向

五、引申思考

（1）如何正确理解财政的职能？

（2）你是如何看待"以政控财，以财辅政"的？

六、推荐阅读文献

[1] 陈玉障 . 河北磁县：多措并举统筹财力保障民生支出 [J]. 中国财政，2022，858(13):77.

[2] 储德银，魏雪梅，邵娇 . 稳经济目标下组合式税费支持政策的现实选择、实践难题与破解路径 [J]. 税务研究，2022，452(9):19–27.

[3] 赵璇 . 中国减税降费政策制度与体系研究——基于文本分析维度的研究 [J]. 技术经济与管理研究，2021，304(11):101–106.

[4] 李真，李茂林 . 减税降费对企业创新的激励机制与调节效应 [J]. 上海经济研究，2021，393(6):105–117.

[5] 程珍珍 . 从保障民生需求视角看财政收支运行——以 X 市 G 区为例 [J]. 中国农业会计，2020，345(4):76–77.

经常性支出

本章案例思维导图

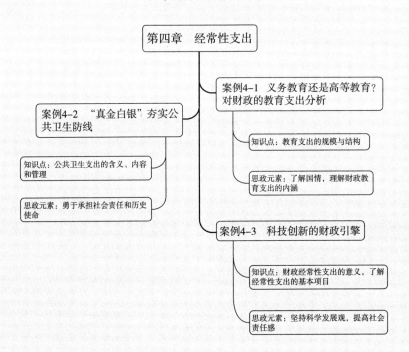

第四章　经常性支出

案例4-1　义务教育还是高等教育？对财政的教育支出分析

知识点：教育支出的规模与结构

思政元素：了解国情，理解财政教育支出的内涵

案例4-2　"真金白银"夯实公共卫生防线

知识点：公共卫生支出的含义、内容和管理

思政元素：勇于承担社会责任和历史使命

案例4-3　科技创新的财政引擎

知识点：财政经常性支出的意义，了解经常性支出的基本项目

思政元素：坚持科学发展观，提高社会责任感

案例 4-1

义务教育还是高等教育？对财政的教育支出分析

一、教学目标

（一）基本教学目标

1. 知识目标

通过教学，帮助学生全面了解财政经常性支出的内容，深入分析教育支出的规模与结构，并探究积极发展教育事业的原因。

2. 能力目标

在理解财政支出内容及分类的基础上，能够学以致用，通过分析经常性支出的特点与效应，揭示公共消费和投资的内涵以及所产生的效率，说明它对经济发展的影响。

3. 素质目标

学生通过对比国家间财政经常性支出的侧重点不同，分析中国政府经常性支出的发展与变革。通过培养学生辩证发展的眼光，以及归纳、总结和预测能力，促进他们提高分析问题和创新思考的能力。

（二）思政教学目标

通过本案例的学习，让学生了解国家在为社会提供教育服务中起着主导作用，进一步了解国情，有助于理解财政教育支出的内涵。

二、案例描述

材料一：改革开放以来，我国基础教育实现从"有学上"到"上好学"的转变，取得显著进步

改革开放以来，我国在基础教育领域不断加大投入，从"有学上"向"上好学"转变，取得了显著的进步。

1986 年《中华人民共和国义务教育法》的颁布实施确立了每个普通公民接受义务教育的权利。在改革开放的过程中，我国逐步提高了基础教育的质量，实现了普及九年义务教育和基本扫除青壮年文盲的"两基"目标。2006 年实施的"两免一补"政策，更加促进了教育公平的实现。

2021 年 2 月 25 日，全国脱贫攻坚总结表彰大会在北京隆重召开，中共中央总书记习近平庄严宣告：经过全党全国各族人民共同努力，我国脱贫攻坚战取得了全面胜利。教育在脱贫攻坚中发挥了重要作用：有针对性地解决贫困地区教育短板，实现了大量建档立卡辍学学生的复学，确保了"不让一个贫困家庭孩子失学辍学"。同时，新时期中国基础教育也从基本均衡向优质均衡的方向发展，由追求教育机会公平转变为追求有质量的教育公平，成为教育发展的主旋律。

解决当前教育质量发展面临的挑战，需要着重解决一系列问题，例如学前教育"入园难""入园贵"问题、义务教育阶段中小学生过重的学业负担、"城镇挤""乡村弱""大班额"问题，以及普通高中存在的素质教育实施不全面、唯分数唯升学率评价教育质量等问题。这些问题制约了当前教育质量的发展，需要各级政府和教育部门采取有效措施予以解决。义务教育阶段实现免试就近入学、推进中小学弹性离校制度、提高课后服务覆盖面等措施，都是教育部门为解决学生和家长面临的实际问题所采取的具体举措。同时，公共教育经费的投入也是衡量教育优先发展的重要标尺，我国也在不断加大财政性教育经费的支出力度。

在全国教育经费总投入中，80% 来自国家财政性教育经费。1993—2012 年，国家财政性教育经费支出占 GDP 的比例从 2.46% 不断提高到 3.93%，而在 2012 年，这一比例终于达到了 20 年前就制定的 4% 的目标。此后，国家财政性教育经费支出不断增长，全国教育经费总投入由 2011 年的 2.4 万亿元提高至 2021 年

的 5.8 万亿元，是 2011 年的 2.4 倍，年均增长 9.3%。由图 4-1 数据可以看出，国家财政性教育经费由 2011 年的不到 2 万亿元提高到 2021 年的 4.6 万亿元，是 2011 年的 2.5 倍，年均增长 9.4%。2012—2021 年，国家财政性教育经费累计支出 33.5 万亿元。教育投入基数的加大，意味着保障教育事业发展的物质基础更加厚实[①]。

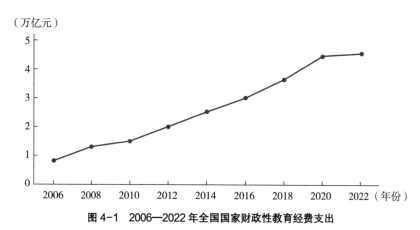

图 4-1　2006—2022 年全国国家财政性教育经费支出

资料来源：笔者根据教育部前瞻产业研究院材料整理。

材料二：贵州省加大财政教育投入，推动教育事业快速发展

2017—2019 年，贵州省财政教育总投入 2805.77 亿元，财政教育支出占一般公共预算支出的比例年均达到 20.02%，为该省在财政方面第一大支出。

贵州将教育列为财政支出的重点领域之一，优先保障教育领域的财政支出，并持续加大财政教育投入。自 2013 年起，贵州压缩行政经费的 5% 用于实施教育 "9+3" 计划，推动义务教育均衡发展。2015 年贵州再次加大教育投入，各级财政通过预算安排和压缩党政机关行政经费的 6%，对就读普通高中、中职学校、普通本科高校的农村 "建档立卡" 家庭经济困难户子女实施教育精准扶贫。

2017 年到 2019 年 9 月，贵州省财政共统筹中央和省级城乡义务教育补助资金 323.13 亿元用于推进农村义务教育学校标准化建设工程、改造农村学校和教学点，支持城乡义务教育均衡提质发展。同时，贵州完善财政生均公用经费拨款

---

①　"奋斗百年路　启航新征程" 在教育强国征程中砥砺前行 [EB/OL]. 环球网，（2021-06-23）. https:// baijiahao.baidu.com/s?id=1703323344246588655&wfr=spider&for=pc.

制度，实现生均财政经费保障机制"全覆盖"。在教育精准扶贫方面，2015年到2019年9月，贵州省各级财政累计投入教育精准扶贫资金54.59亿元，共计资助建档立卡贫困学生176.3万人次，实现了"精准资助，应助尽助"，真正让寒门学子求学无忧。

贵州是中国易地扶贫搬迁人口最多的省份，为保障搬迁民众子女有学上、上好学。2016年以来，贵州各地累计完成新建、改扩建安置点配套学校556所，解决搬迁户适龄子女就学15万人。贵州省财政厅相关负责人表示，贵州持续加大财政教育投入为顺利启动实施的一系列教育重大工程、重大政策提供了有力的资金保障。

近年来，贵州重点实施了普及学前教育、农村寄宿制学校建设、高中教育突破工程、高等教育突破工程、"百校大战"、花溪大学城建设、清镇职教城建设等，在中国率先启动实施教育精准扶贫学生资助政策，持续推进该省教育事业的快速健康发展。政府对教育的投入起到了重要的作用，它不仅推动了教育事业的全面发展，还促进了教育公平、提高了教育质量、增强了教育内涵，成为了政策导向的重要体现。

在"十三五"时期，中央财政持续保障教育领域财政支出，并逐年增加教育投入，确保财政教育支出的稳步增长。2019年，国家财政性教育经费的有效增加，推动全国教育经费总额首次超过5万亿元，支撑了世界上规模最大的国民教育体系，建立了覆盖范围最广的学生资助体系，有效促进了我国教育事业的全面发展，让我国的教育水平跃升至世界中上行列。需要特别强调的是，这些成就都是在经济下行压力加大、财政收支矛盾突出的情况下取得的，具有重要意义。这充分体现了以习近平同志为核心的党中央始终将教育事业作为优先发展领域、优先保障领域的决心和实际行动[①]。

中华人民共和国教育数据显示，国家财政性教育经费支出中，义务教育占比最高，占到52.7%。这体现了政府"保基本"的决心。同时，学前教育财政性经费年均增长15.4%，增速最快，有助于弥补教育短板。为了促进教育公平，

---

① 人民时评：把教育经费的每一分钱用好 [N/OL]. 人民日报，（2020-12-21）. https://baijiahao.baidu.com/s?id=1686641623598178954&wfr=spider&for=pc.

中央对地方教育转移支付资金的 80% 以上用于中西部地区和深度贫困地区，财政性教育经费年均增长 10.9%，比全国平均增幅高出 2.7 个百分点。同时，教职工人员支出占比增长到 62%，重点逐步向软件建设转变，有助于提升教育质量。2016—2019 年，财政资金累计支出超过 5000 亿元用于学生资助，年均增长 8.35%。

从"再穷不能穷教育，再苦不能苦孩子"到"努力让每个孩子都能享有公平而有质量的教育"，从"保证不让一个学生因经济困难而失学"到"使绝大多数城乡新增劳动力接受高中阶段教育、更多接受高等教育"，教育在国家和民众生活中都占据着至关重要的地位。只有善用每一分教育经费，才能给广大人民带来真实的收益和获得感。

材料三：高等教育经费投入高，助力人才培养与创新发展

2019 年全国两会收到了多项关于义务教育的提案，其中教育部给予《关于逐步实施十二年制义务教育的提案》的答复是：目前我国仍处于社会主义初级阶段，财政收支矛盾突出。此外，贫困地区的教育发展仍然面临极为艰巨的任务。虽然我们已经在扩大教育资源、改善办学条件、提高办学质量以及增加对家庭经济困难学生的资助等方面取得了一定成绩，但仍然存在许多短板和薄弱环节，需要财政加大投入。尽管延长义务教育或实行免费教育可以在一定程度上减轻学生家庭经济负担，但也可能引发减少对教育薄弱环节的投入以及替代社会和家庭投入等问题。只有不断加强财政支出的监管和管理，全面优化教育投入结构，才能推动贫困地区教育事业取得更加卓越的成就。

教育部对于学前教育是否应纳入义务教育的问题做出了回应。根据教育部的观点，我国的义务教育课程是一个九年一贯的整体设计，而普通高中的课程则是按三年进行设置的。这一课程安排是通过长期的实践和反复调整逐步形成的，能够基本适应未来一段时间内的社会和经济发展状况，同时也基本符合儿童身心发展规律和认知规律。在这样的背景下，是否将学前教育纳入义务教育，需要权衡各种因素和影响，不可轻率行事。

教育部公布的 2019 年全国教育经费执行情况统计快报显示，2019 年全国教育经费总投入 50175 亿元，首次突破 5 万亿元！其中，国家财政性教育经费达到

40049 亿元，比 2018 年增长 8.25%。2019 年，全国高等教育和义务教育是这一巨额经费的支出主体。

（1）学前教育：总投入为 4099 亿元，比 2018 年增长 11.63%。全国幼儿园平均每个孩子支出（生均支出）11855 元，比 2018 年增长 11.33%。

（2）义务教育：总投入为 22780 亿元，比 2018 年增长 9.12%。全国普通小学生均教育经费支出为 13493 元，比 2018 年增长 5.92%。全国普通初中生均教育经费支出为 19562 元，比 2018 年增长 5.63%。

（3）高中阶段教育：总投入为 7730 亿元，比 2018 年增长 7.53%。全国普通高中生均教育经费支出为 22115 元，比 2018 年增长 8.10%。全国中等职业学校生均教育经费支出为 21203 元，比 2018 年增长 7.36%。

（4）全国高等教育：全国普通高等学校生均教育经费支出为 38681 元，比 2018 年增长 6.60%。普通高职高专教育经费总投入 2402 亿元，比 2018 年增长 11.25%。

（5）全国其他教育：总投入为 2102 亿元，比上年下降 11.77%。从金额来看，义务教育和高等教育占投入的大部分，不过，学前教育和高等教育经费的投入增长是比较快的。

2019 年，我国国内生产总值达 99.1 万亿元，国家财政性教育经费为 40049 亿元。国家财政性教育经费占 GDP 比重达到了 4.04%。这一数据表明，国家高度重视教育事业的发展，并为此投入了大量的财政资金。此外，这也体现了国家在推动经济社会发展的同时，不忘教育事业的重要性，为人民群众提供了更多优质的教育资源和服务。这个成果来之不易。党和国家多次提出 4% 的目标。无论是 1993 年的《中国教育改革和发展纲要》，还是 2006 年的党的十六届六中全会《中共中央关于构建社会主义和谐社会若干重大问题的决定》，以及 2010 年的《国家中长期教育改革和发展规划纲要（2010—2020 年）》，都明确了这一目标。4% 的目标在 2012 年得以实现。

近年来，在经济下行压力持续增大，实施大规模减税降费，财政收支矛盾突出的情况下，保 4% 的压力越来越大。为了保证这一目标，党中央、国务院提出了财政教育投入"一个不低于、两个只增不减"的要求，让教育支出成为刚性支出，只增不减。

投入都在增，但增得最快的还是学前教育和高等教育这两项。学前教育重要，不仅是因为其直接关系到义务教育质量，更在于其也是一项重要的民生工程。在北京，2019 年起，市财政对提供普惠性服务的幼儿园，无论公办、民办都按每生每年 12000 元进行补助。在天津，建立普惠性民办园分等级补助机制，按等级给予每生每年 2800~4400 元的补助。在湖南长沙，市级财政根据普惠性民办园评定等级，按每生每年 600~1200 元的标准进行奖补。

高等教育经费投入高，是因为直接关系到人才和创新。2019 年，我国高等教育毛入学率首次突破 50%。这意味着我国有一半以上的高中毕业生能够进入高校，人口素质显著提升。有人才，就有未来。高校也是创新主体。2014—2019 年，高校承担了超过 1/3 的国家高技术研究发展计划（863 计划）、国家科技支撑计划，获得超过 65% 的国家自然科学奖和超过 70% 的国家技术发明奖。可以说，支持高等教育，就是支持创新。

三、案例知识点分析与课程思政设计

（一）案例知识点分析

教育是一种混合的产品，具有显著的外部效应。一方面，受教育者通过学习知识和技能，提高了自身竞争力，可以获得更高的工作收入和更多的精神愉悦；另一方面，教育的收益外溢到整个社会，提高了全社会的生产率、文化素养和道德水平，为民主制度的良好运行提供了保障，促进了社会交流和经济发展。这种外部效应意味着市场投入教育的数量总是不足的。

国家教育经费支出通常以财政年度为计算的时间单位，有预算支出和决算支出两种。一些国家和地区常以预算支出为统计范畴，而我国则以决算支出为统计范畴，系预算内教育经费支出即国家财政用于教育的基本建设经费和教育事业费。国家教育经费支出的绝对量及其增长，既受到国家财政收入总量的制约，又受到人们对发展教育的重要性的认识的影响；国家教育经费支出的相对量及其提高程度，主要取决于人们对发展教育的重要性的认识。

从国际比较可以看出，各国公共教育支出占 GDP 比例多数都超过 5%。在我国，教育投资与财政体制经历了重大变革。改革开放以来，特别是 1986 年以来，我国义务教育投资体制发生了多次变化，逐步过渡到"义务教育经费由省级政府统筹，农村义务教育所需经费由各级财政分项目、按比例分担的体制"。这个过程体现了义务教育经费责任重心的上移。目前，中央、省、县三级政府的教育投入责任相对清晰。县级政府主要负责基础教育经费投入，省级政府重点投入高等教育经费和一些专项经费，中央政府的教育投入也主要集中在高等教育和专项教育的经费上。此外，中央政府通过财政转移支付，对西部地区的农村义务教育经费给予倾斜。

（二）课程思政设计

本案例通过分析国家财政在教育支出上的不断增加，让学生了解国家政府在为社会提供教育服务中起着主导作用，进一步了解国情。在知识经济时代，科技进步成为经济增长的主要动力，而其源泉是教育，通过学习使学生了解国家在教育领域的重要作用，增强学生的爱国情怀。

案例 4-1　义务教育还是高等教育？对财政的教育支出分析

教学内容	思政要素融入点	育人目标
财政的教育支出	案例可以挖掘的思政点： （1）了解国情 （2）爱国情怀	要求学生在工作和学习中满怀民族自豪感，强化制度自信

四、教学案例使用

（一）主要采用的教学方法与手段

本次案例采用的教学手段主要有问题导向、实事案例分析、教师讲授及小组讨论等。

（二）教学过程的组织与实施

1. 课前学习

课前通过在线学习平台发布学习通知，以问题思考与探讨的方式提前布置学习任务与要求，让学生阅读材料并提前思考，对即将学习的内容有一定的了解和认识。

2. 课中学习

在课堂上介绍完政府经常性支出的内容后，把案例内容展示给学生。让学生结合课前收集的资料，以财政对教育支出占比为引子充分了解我国对教育领域的重视，进一步了解教育支出的正外溢性。

3. 课后学习

课后要求学生结合数字案例，进一步了解中国教育事业的发展，并结合已有知识深入阅读学术论文和著作，在讨论课上以小组形式阐述个人观点，进行交流。

（三）考核与评价

本思政案例的考核与评价主要包括如下方面：

考核评价指标	考核评价内容	考核评价方式
知识	要求学生充分理解政府经常性支出的概念、特点和分类	回答问题 练习 作业 单元测试
能力	结合案例，能够初步分析政府的教育支出在义务教育及高等教育之间如何分配	资料收集 研讨 观点分享 案例分析
素质	通过现实案例，使学生了解社会主义制度优越性，激发其强烈的爱国情感	团队讨论评测打分 小组内部评测打分 知识点讲解 作业、单元测试的完成情况
思政	通过本案例的学习，要求学生对我国财政教育支出有基本认识，体会社会主义制度的优越性，进而增强制度自信	课前、课中、课后的表现 职业追求 价值取向

五、引申思考

（1）义务教育的公共性如何？如何界定义务教育？

（2）对于义务教育实行九年制、十二年制或十五年制，决策的主要因素是什么？决策权在哪里？

六、推荐阅读文献

[1] 江依妮，张钰. 教育资助如何影响贫困家庭的教育支出？——基于 2017 年中国教育财政家庭调查的实证研究 [J]. 教育与经济，2023，39(1):59–68, 82.

[2] 刘国瑞. 开启高等教育强国建设的新征程 [J]. 中国高教研究，2022，352(12):28–33.

[3] 张翁. 人口流动下的地方财政教育支出：转移支付与自有财力的作用 [J]. 教育与经济，2022，38(6):66–76.

[4] 张山. 财政义务教育支出对代际收入流动的影响 [J]. 经济问题，2021，498(2):71–79.

[5] 张缨. 用好管好教育经费　努力筑牢监管"樊篱"——高等学校高校财务监督体系的发展历程与改革创新 [J]. 教育财会研究，2020，31(1):68–71.

[6] 吴全全，王茜雯，闫智勇. 我国高等职业教育经费投入的现状分析 [J]. 职教发展研究，2023，16(1):27–37.

[7] 徐孝民，王劲. 何以实现有效率的公平——"双一流"建设视角下高等教育经费配置 [J]. 教育研究，2023，44(2):112–124.

案例 4-2

"真金白银"夯实公共卫生防线

一、教学目标

(一)基本教学目标

1. 知识目标

通过教学,使学生掌握公共卫生支出的含义、内容和管理,了解财政投资性支出。

2. 能力目标

在理解财政经常性支出中的公共卫生支出含义及内容的基础上,能够学以致用,分析我国新时期文教卫生支出不断增加的原因。

3. 素质目标

学生通过对比国家间财政经常性支出的不同侧重点,分析中国政府经常性支出的发展与变革。促使学生运用辩证发展的眼光看待事物,善于总结归纳与预测,提高分析问题和创新思维能力。

(二)思政教学目标

通过本案例的学习,引导学生勇于承担社会责任和历史使命,在应对公共危机事件时,能够科学规划、有效治理,维护好人民群众的生命财产安全。

二、案例描述

材料一：内蒙古财政支出连续五年增长，加强公共卫生监测预警体系建设成重点

2021年7月14日记者从内蒙古自治区财政厅获悉，"十三五"时期内蒙古财政公共卫生累计支出350.4亿元，连续五年呈增长态势，年均增长9%。

内蒙古自治区财政厅相关负责人介绍，"十三五"时期内蒙古财政疾病预防控制机构运转支出48.8亿元，年均增长3.3%；用于健康教育、重点人群健康管理等基本公共卫生累计支出69.1亿元，年均增长10.5%；用于重大疾病、重大传染病预防控制等重大公共卫生累计支出19.5亿元，年均增长7%。特别是近年来面对突发的公共卫生事件，针对内蒙古公共卫生监测预警体系的短板、缺项和弱项，财政部门在疾病预防控制能力建设、基层医疗卫生机构防控能力建设、传染病机构能力建设、重大疫情防控救治体系建设和卫生健康人才培养方面加大了支持力度。他同时坦言，目前内蒙古在支持公共卫生监测预警体系方面还存在一些问题和矛盾。"缺乏统一的公共卫生监测预警体系建设规划和标准；各级财政比较困难，任务繁重；绩效管理亟待加强。"

针对这些问题，财政部门建议，继续加大特别是对基层转移支付的力度，健全公共卫生监测预警体系建设运行资金保障机制，完善资金管理制度，规范预算安排、预算执行、绩效评价和结果运用。

材料二：安徽省六安市以财政投入加快发展公共卫生体系的五大模式

"十三五"时期，安徽省六安市各级财政通过五大"模式"全力支持公共卫生体系建设，推动公共卫生服务与医疗服务高效协同发展。2016—2020年前三个季度，卫生健康支出244.6亿元，年均增长11%。

新冠疫情防控期间，财政部门第一时间开辟政府采购、资金拨付"绿色通道"，六安市全市财政安排资金2.98亿元，保障疫情防控需要。全市拨付基本公共卫生专项资金3.44亿元。截至2020年10月底，全市疫情防控经费支出3.78亿元。疫情防控初期紧急拨付医保基金93800万元，确保患者不因费用问题影响就医，医院不因支付政策影响救治。市县财政全额安排疾病预防控制、卫生

监督等公共卫生服务机构人员、业务和发展经费，保障公共卫生建设发展需要。2016—2020 年，六安市市县财政对公共卫生事业累计投入资金 7.73 亿元，年均增长 7%。财政稳定投入，提升了全市疫情防控中心实验室检验能力，加大了医疗机构发热门诊和隔离病房的供给力度，建立了公共卫生和基本医疗有效衔接的服务模式。

2016—2020 年，六安市全市争取地方政府债券资金 16.51 亿元用于卫生健康发展。市本级陆续安排资金 5.5 亿元，支持市卫生应急监测中心、血液安全监测中心、人民医院河西分院、中医院综合楼建设。2020 年全市争取专项债券 13.93 亿元，支持传染病医院等 15 个公共卫生项目建设。多种资金投入加快补齐六安市公共卫生领域短板。市财政积极推进医疗卫生领域财政事权和支出责任划分改革，报请市政府办印发《关于做好六安市医疗卫生领域财政事权和支出责任划分改革工作的通知》，需要明确各级政府在公共卫生领域承担的责任和支出，以进一步完善六安市的公共卫生服务财政保障机制。通过改革，促进提高公共卫生、医疗服务供给效率和水平，保障健康六安建设。

材料三：江苏盐城市持续加大公共卫生投入，为医疗卫生体系建设提供充足资金保障

截至 2020 年 8 月，江苏省盐城市财政累计下达中央、省、市疫情防控专项资金 6.11 亿元；投入 15.6 亿元支持市儿童医院等重点医疗工程建设；全力支持实施县级医疗卫生机构建设三年行动计划。2020 年全市财政安排基本公共卫生、重大公共卫生和公共卫生应急救助资金等公共卫生体系建设专项资金 62.7 亿元，与 2019 年的 34.1 亿元相比增加 28.6 亿元，增幅达 83.9%。

江苏省盐城市财政局在市委、市政府的坚强领导下，在市人大及其常务委员会的监督指导下，围绕公共卫生体系建设积极筹措资金，将基本公共卫生投入标准由 2019 年 75 元 / 人·年提高到 2020 年 80 元 / 人·年，新增 5 元部分全部专项用于应对疫情防控工作，2020 年，市财政安排基本公共卫生专项资金 1100 万元。同时，市财政局配合卫健部门从源头上抓好健康预防工程。出台《关于开展全民健康体检工作的意见》，健康体检涵盖所有人群；推进出生缺陷综合防治民生实事项目，在省定标准的基础上将新生儿遗代谢性疾病免费筛查从 3 项扩大到 29 项。

市财政局相关负责人表示，该局将根据中央、省关于进一步完善政府卫生的投入政策，结合当前市委、市政府对医疗卫生体系建设要求，持续做好资金保障及监管工作。在公共卫生、基本医疗保障、医疗机构、应急救助等方面，全面规范财政补助范围，明确补助内容，落实各方投入责任，确保财政资金足额投入。

2020 年面对突发的公共卫生事件，中国科技部启动科研攻关应急项目，动员全社会优势力量开展相关科研攻关。财政部公布，在"十三五"期间，全国在卫生健康方面的财政支出呈逐年增长的趋势。总体而言，从 13159 亿元增长到 17545 亿元，年均增长 7.5%。这个增长速度比同期全国财政支出的增幅高出 0.4 个百分点。国家统计局网站数据显示，2016—2019 年，全国卫生总费用从 4.6 万亿元增长到 6.58 万亿元，年均增长 12.2%，个人卫生支出占比由 28.8% 下降到 28.4%。中国已经成功建立一套多层次、覆盖广泛的全民医疗保障体系，构建了全球最大的医疗保障网络。根据国家医疗保障局数据，截至 2022 年底，全国基本医疗保险参保人数为 134592 万人，参保率稳定在 95% 以上；医疗保障水平不断提高，职工医疗保险和城乡居民医疗保险的住院费用报销比例已分别达到 80% 以上和 70% 左右。

三、案例知识点分析与课程思政设计

（一）案例知识点分析

医疗卫生是人力资本的重要基础之一，随着经济的不断发展，人们越来越意识到医疗卫生作为人力资本投资的重要性。然而，在市场存在缺陷的情况下，人力资本投资的效率和公平性会受到很大影响，这正是各国政府在医疗卫生领域扮演重要角色的原因。

在医疗卫生领域中，市场存在广泛的缺陷，为政府介入这一领域提供了潜在的理论依据。突发的公共卫生事件是典型的事例，其领域是具有很大外部效应的纯公共产品，包括安全饮用水、传染病与寄生虫的防治和病菌传播媒介的控制以及免疫、营养以及计划生育等信息方面免费服务等。这些物品具有明显的非排他性，私人不会提供或者不会充分提供。因此，政府介入公共卫生领域的第一个理由是为了提供公平的收入分配前提。政府介入公共卫生领域的第二个理由是将卫生保健视为一种人人应该享有的权利，政府保障人人的健康劳动，缓解或消除因收入差距而可能对健康带来的不良影响。在市场规则下，低收入者往往难以抵御卫生条件差和疾病风险的侵袭，往往会陷入"贫困的循环"。政府介入公共卫生的第三个理由是弥补商业保险的缺陷。在私人市场上，人们化解风险的方法是购买商业保险，但商业保险的趋利性必然产生"逆向选择"，即选择低风险的保险对象。政府的公共卫生服务带有社会保险的性质，让疾病的社会风险在更大的范围内由政府承担，为劳动者提供可靠的后盾。世界银行总结了政府干预卫生事业的三条理由，认为政府通过合理的卫生领域介入，可以实现健康、低成本、满意度和公平四个预期的结果。因此，政府的介入在医疗卫生市场中扮演着重要的角色。

各国政府在医疗卫生总支出中占据很大比例，几乎涵盖了所有医疗卫生项目，并通过多种手段和机制对私人医疗市场进行干预。当然，政府并非完全控制医疗卫生市场，而是选择政府必须介入的主要领域。这些领域包括：一是提供医疗卫生领域的公共物品和部分准公共物品，以确保这些物品的生产、提供和消费达到最优化。这些物品包括医疗服务本身、健康保护活动、以及提供有关服务信息等。二是纠正由信息不对称造成的市场缺陷，使医疗保险兼顾效率和公平。三是为穷人提供补贴，以支付必要的保险费用，以便他们获得基本医疗服务。政府提供公共卫生服务是其提供医疗卫生服务的重要部分。通常情况下，公共卫生项目具有公共物品的属性，因此提供公共卫生服务是政府的重要职责之一。

（二）课程思政设计

本案例通过国家财政在医疗卫生投入增长快及面对突发公共卫生事件时的措施和作用，引导学生勇于承担社会责任和历史使命，在应对公共危机事件时，能够科学规划、有效治理，维护好人民群众的生命财产安全，加强学生的爱国情怀。

案例4-2　"真金白银"夯实公共卫生防线		
教学内容	思政要素融入点	育人目标
财政公共卫生支出	案例可以挖掘的思政点： （1）社会责任感 （2）爱国情怀	要求学生在工作和学习中满怀民族自豪感，强化制度自信

四、教学案例使用

（一）主要采用的教学方法与手段

本案例采用的教学手段主要为问题导向、实事案例分析、教师讲授及小组讨论等。

（二）教学过程的组织与实施

1. 课前学习

课前通过在线学习平台发布学习通知，以问题思考与探讨的方式提前布置学习任务与要求，让学生阅读材料并提前思考，对即将学习的内容有一定的了解和认识。

2. 课中学习

在课堂介绍政府经常性支出的内容之后，把案例内容展示给学生。让学生结合课前收集的资料，以政府医疗卫生投入支出的增长速度以及面对突发公共卫生事件的应急措施，分析我国财政公共卫生服务问题如何改善。

3. 课后学习

课后要求学生结合数字案例，进一步深入了解中国医疗卫生投入的规模，并结合已有知识进一步深入阅读学术论文和著作，在讨论课中以小组形式阐述思想，进行交流。

（三）考核与评价

本思政案例的考核与评价主要包括如下方面：

考核评价指标	考核评价内容	考核评价方式
知识	通过教学，使学生掌握公共卫生支出的含义、内容和管理，了解财政投资性支出	回答问题 练习 作业 单元测试

续表

考核评价指标	考核评价内容	考核评价方式
能力	结合案例，在初步分析公共卫生支出含义及内容的基础上，能够学以致用，分析我国新时期医疗卫生不断改革、支出不断增长的原因	资料搜集 研讨 观点分享 案例分析
素质	促使学生运用辩证发展的眼光看待事物，善于总结归纳与预测，提高分析问题和创新思维的能力	团队讨论评测打分 小组内部评测打分 知识点讲解 作业、单元测试的完成情况
思政	通过本案例的学习，引导学生勇于承担社会责任和历史使命，在应对公共危机事件时，能够科学规划、有效治理，维护好人民群众的生命财产安全，感受大国担当，加强学生的爱国情怀	课前、课中、课后的表现 职业追求 价值取向

五、引申思考

（1）推动基本公共卫生服务均等化是实现基本公共服务均等化目标的重要内容，请分析基本公共服务均等化的理论基础与影响因素。

（2）分析政府加大对基本医疗卫生领域投入的理由。分析个别统筹地区医疗卫生资金出现历年累计赤字的原因，你认为可以采取哪些措施缓解该现象。

六、推荐阅读文献

[1] 胡琨. 2016—2020年天津市公共卫生财政投入状况分析 [J]. 中国卫生经济，2022，41(10):7-10.

[2] 刘岩. 地区差别视角下公共卫生支出均等化水平研究 [J]. 财经界，2021，599(28):56-57.

[3] 甘淑婷. 乡村振兴背景下关于重大公共卫生事件农村应急物流体系建设的思考 [J]. 经济师，2022，405(11):20-21.

[4] 金晔鑫，陈勇，潘翔等 . 乡村基层公共卫生服务与乡村医生队伍建设问题探讨 [J]. 上海预防医学，2021，33(1):19-24.

[5] 张鹏 . 乡村振兴背景下农村公共卫生服务精准供给的实现路径——以温州县域医共体建设为例 [J]. 湖州师范学院学报，2020，42(7):77-84.

案例 4-3

科技创新的财政引擎

一、教学目标

（一）基本教学目标

1. 知识目标

通过教学，使学生理解财政经常性支出的意义，了解经常性支出的基本项目。

2. 能力目标

在理解财政经常性支出意义的基础上，能够学以致用，分析新时期我国在科技领域不断增加投入的原因。

3. 素质目标

学生通过对比国家间财政经常性支出的不同侧重点，分析中国政府经常性支出的发展与变革。促使学生运用辩证发展的眼光看待事物，善于总结归纳与预测，提高分析问题和创新思维的能力。

（二）思政教学目标

通过本案例的学习，让学生能够坚持科学发展观，提高社会责任感，以人民为中心。

二、案例描述

材料一：安徽省财政加大科技支出力度，助推经济发展和民生福祉

2022 年 1 月 13 日，安徽省政府新闻办召开"奋勇争先开新局"系列新闻发布会（第四场）。安徽省财政厅党组书记、厅长谷剑锋就为民生福祉"加码"、为经济发展"赋能"，介绍了安徽财政相关情况：2021 年，安徽全省财政科技支出突破 400 亿元，达到 415.5 亿元，较上年增长 12.3%，占一般公共预算支出的 5.5%。《人民日报》（海外版）记者李婕在 2021 年 09 月 24 日的报道中指出，全国范围内财政科技支出屡创新高，延续"十三五"时期以来两位数的增长态势。

除了围绕打造科技创新策源地，坚持综合施策加大投入外，安徽省在围绕打造新兴产业聚集地、坚持市场机制引导撬动方面，积极研究新兴产业引导基金组建方案，2021 年拨付省级政府性股权投资基金注资 35.6 亿元，支持打造多层次资本市场体系。在围绕打造改革开放新高地、坚持完善制度统筹保障方面，坚持把财政资金向市县倾斜，下达转移支付资金占市县财政支出 40% 以上，支持长三角地区一体化发展、中部地区高质量发展等区域战略实施，全省安排 166.7 亿元支持巩固脱贫攻坚成果同乡村振兴有效衔接。

2022 年，安徽省持续致力于支持打造一个具有重要影响力的科技创新策源地。同时，安徽省进一步完善财政科技投入保障机制，并推动科技体制机制的改革，以进一步提升战略科技力量的支撑，聚力支持国家实验室、合肥综合性国家科学中心、大科学装置集群等国家战略科技力量建设，建立"人才团队＋科技成果＋政府参股＋股权激励"科技资源配置机制，突出"资金＋金融＋市场＋企业"，支持以需求为牵引、产业化为目的、企业为主体抓科技创新，吸引社会资本、金融资本、产业资本共同投入科技创新，实现财政资金叠加放大效应的最大化。

材料二：中央财政将加大科技投入，健全支持基础研究和原始创新的体制机制

在"十三五"期间，中央财政在科技领域的投入呈现出巨大增长，科技创新也得到了可靠保障。其中，中央财政的科技投入增长了 70%，基础研究的投入更是翻了一倍。那么，在"十四五"时期，中央财政将如何支持科技自立自强呢？

2021 年 4 月 7 日，财政部部长助理欧文汉在国新办发布会上表示，中央财政将继续将科技作为财政支出的重点领域，聚焦国家战略需求，优化支出结构，并且围绕四个着力点来支持加快科技自立自强。

一是在"十四五"时期，中央财政将聚焦国家战略需求，着力强化我国的科技实力。为此，将加快推进"科技创新 2030—重大项目"的实施，同时也会稳定支持国家实验室的建设和运行，并支持国家重点实验室体系的重组。此外，财政投入也将更加注重基础研究的发展，进一步完善支持基础研究和原始创新的体制机制。通过这些举措，中央财政将助力我国实现科技自立自强的目标。

二是聚焦企业技术创新能力提升。鼓励企业领衔组建创新联盟，承担国家重大科技项目。通过实施"后补助"方式，在国家科技计划中引导企业加大科技创新力度。扩大国家科技成果转化引导基金规模，促进科技成果在企业之间的转移、资本化和产业化。针对企业投入基础研究的实践，实施和完善支持科技创新的税收政策，提高制造业企业的研发费用加计扣除比例，鼓励企业增加研发投入。支持实施首台（套）重大技术装备保险补偿试点，以推动重大技术装备的创新。

此外，近年来，我国为激发创新活力、优化经济结构、促进居民消费和扩大就业等做出了很多努力，如持续实施大规模的减税降费，加大对小微企业、制造业和科技创新等重点领域的支持力度等。在"十三五"时期，累计减税降费超过了 7.6 万亿元，其中减税 4.7 万亿元、降费 2.9 万亿元。此外，还加大了对制造业和科技创新的支持力度，通过执行企业研发费用加计扣除 75% 政策、将制造业企业加计扣除的比例提高到 100% 等方式，激励企业加大研发投入。对于先进制造业企业，按月全额退还增值税增量留抵税额等措施也逐步落实。[①]

材料三：山西省财政科技支出显著增加，为创新驱动提供有力支持

"十四五"开局之年，山西省各级财政部门贯彻落实山西省委、省政府决策部署，统筹各类财政资金，全省科技创新工作得到超常规的支持，全省及省本级科技支出显著增加。2021 年，全省科技支出达 83.56 亿元，同比增长 26.9%，超

[①] 财政部：加大财政投入，健全鼓励支持基础研究、原始创新的体制机制 [N]. 北京商报，2021–04–07.

过同期一般公共预算支出增幅 28 个百分点；省本级科技支出达 30.58 亿元，同比增长 137.1%，增幅是同期一般公共预算支出增幅的 1.2 倍。财政科技支出大幅增加，为山西省深入实施创新驱动、科教兴省、人才强省战略提供了有力的财政支持。

（1）重点支持重大科技项目建设。首先，通过统筹科技、教育及债券等各类资金，下达 19 亿元支持国家超算太原中心的建设。这个项目建设完成后，可向政府、教育、军民融合、科研及能源等应用领域提供超级计算应用服务。其次，为支持超高速低真空管道磁浮交通系统全尺寸试验线项目的开展安排科研经费 3 亿元，并积极筹措基本建设资金，以支持项目基础设施建设。

（2）持续加大基础研究投入力度。为推进山西省新型优势产业的发展，增强关键技术的创新能力，带动全社会研发投入和科技创新，山西省采取以下措施：一是 2021 年安排基础研究计划项目预算 8000 万元，较上年增加 5000 万元，增长 161%，着重支持山西省属高等院校、省级科研机构和大型国有企业科研机构，加强基础研究，培育新兴产业和科技领域的核心竞争力；二是与国家自然科学基金委设立区域创新发展联合基金，使山西省有机会争取更多国家科研项目和资金投入，服务山西区域创新发展。2021—2025 年，山西财政每年将安排 1 亿元投入区域创新发展联合基金，共同推进科技创新，促进区域发展。

（3）支持高层次人才引进。首先，投入 1300 万元科研经费，支持山西省 13 名在科学技术领域做出系统性、创造性贡献，或在工程科学技术方面做出重大创造性贡献的高端领军人才院士后备人选的科学研究工作。其次，下达专项经费 8344 万元，为高层次人才如李魁武院士团队、金智新院士团队等提供科研及工作补贴；支持山西传媒学院引进贾樟柯导演团队建设山西电影学院。最后，为引进博士及博士后研究人员投入 1.69 亿元经费，支持山西大学等 31 所高校、科研院所及企业引进 973 名博士及博士后研究人员。落实各项奖励政策。其中，7819 万元科学技术奖励经费用于兑现 2019 年和 2020 年两年的山西省科学技术奖励经费；3388 万元奖补经费用于落实 2020 年度承担国家重大专项和重点研发计划项目（课题）、国家级省级科技企业孵化器、国家级省级众创空间、中国创新创业大赛获奖企业等奖补政策；300 万元国家科学技术奖省级配套奖励经费用于支持山西省获得国家科技奖励；500 万元的首届"山西省优秀人才突出贡献奖"奖金用于奖励每位获奖者 50 万元，以增强优秀人才的示范引领作用。

（4）加大基础研究投入力度。首先，山西省 2021 年安排基础研究计划项目预算 8000 万元，较上年增加 5000 万元，增长 161%，着重支持山西省属高等院校、省级科研机构和大型国有企业科研机构，重点围绕山西省新型优势产业基础研究进行布局，以增强关键技术的创新能力，带动全社会研发投入和科技创新。其次，与国家自然科学基金委设立区域创新发展联合基金，山西财政每年安排 1 亿元投入该基金，积极争取更多奖励[①]。

材料四：我国 R&D 经费投入稳步增长，呈现全球领先态势

《中华人民共和国 2020 年国民经济和社会发展统计公报》数据显示，2020 年中国 R&D 经费投入总量达到 24393.1 亿元，比 2019 年增长 10.2%。R&D 经费投入的增速比现价 GDP 增速快了 7.2 个百分点，R&D 经费投入的强度（与 GDP 之比）达到了 2.40%，比 2019 年提高了 0.16 个百分点。

我国的 R&D 经费投入呈现出稳中有进的趋势，从国际比较中也能够得到佐证。第一，总量稳步增加。2020 年，我国 R&D 经费总量约为美国的 54%，是日本的 2.1 倍，位列全球第二。2016—2019 年，我国 R&D 经费年均净增量超过 2000 亿元，是 G7 国家年均增量总和的 60%，成为全球 R&D 经费增长的主要推动力。第二，增速全球领先。2016—2019 年，我国 R&D 经费年均增长率达 11.8%，远高于美国（7.3%）、日本（0.7%）等科技强国。第三，强度追赶步伐加快。在世界主要经济体中，我国 R&D 投入强度水平已经从 2016 年的世界第 16 位提升至 2020 年的第 12 位，接近 OECD（经济合作与发展组织）国家的平均水平。

近年来，我国不断加大对研发费用的投入，将创新置于现代化建设全局的核心位置。相较于过去的"引进、消化、吸收、再创新"，如今越来越重视原创性和基础性研究，这有助于中国向全球产业链的中高端迈进，并为经济的高质量发

---

① 山西积极支持实施创新驱动战略　财政科技投入再创新高 [EB/OL]. 中华人民共和国财政部，（2022-04-27）. http://www.mof.gov.cn/zhengwuxinxi/xinwenlianbo/shanxicaizhengxinxilianbo/202204/t20220427_3806605.htm.

展提供支持。

从地域分布上看，我国有 8 个省（市）的研发经费投入超过了千亿元，分别是广东、江苏、北京、浙江、山东、上海、四川和湖北。中西部地区的研发投入增势良好，2020 年，中部、西部地区的 R&D 经费增长率连续 4 年超过东部地区，分别为 12.0% 和 12.4%。在各类活动主体中，企业的拉动作用进一步增强。2020 年，企业 R&D 经费规模达到 18673.8 亿元，增长率为 10.4%，占全国 R&D 经费的比重为 76.6%，对全国增长的贡献率为 77.9%。规模以上工业企业的 R&D 经费达到 15271.3 亿元，增长率为 9.3%；投入强度为 1.41%，比上年提高了 0.09 个百分点。重点领域的 R&D 经费投入强度也稳步提高，为关键核心技术攻关和产业基础能力提升创造了条件。根据全国财政决算数据，2020 年国家财政科学技术支出为 10095.0 亿元。未来，我们需要在继续扩大经费投入规模的同时，进一步优化经费投入结构，提高投入的质量和效益。[①]

三、案例知识点分析与课程思政设计

（一）案例知识点分析

财政科技支出是指政府及其相关部门为支持科技活动而投入的经费支出。通常情况下，这些支出都是从国家财政预算中安排的用于科研项目的资金。为了避免重复支出和资源浪费，政府可以建立科技项目统筹协调机制，并加强财政科技支出的透明度。传统经济理论以完全竞争为前提，但现实的市场是一个不完全竞争的市场，且这种不完全竞争并不都是传统经济学所指的垄断、政府管制和专利保护的结果。在知识经济条件下，不完全竞争已成为经济的内在特性，政府在推动科技进步中发挥至关重要的作用，这与科技领域的特点密切相关。科技领域的高度复杂性和不确定性，使得私人部门往往难以单独承担高风险的研发活动和创新投资。政府作为中立的、长远眼光的第三方，可以在科技政策的制定和资源配置中发挥重要作用，促进科技进步和社会经济发展的长期稳定性。

---

① 2020 年我国 R&D 经费投入总量突破 2.4 万亿 中西部增速连续 4 年超东部 [EB/OL]. 人民网，（2021-09-22）. https://baijiahao.baidu.com/s?id=1711568230135501675&wfr=spider& for=pc.

基础性科学研究成果具有公共产品特性，具有非竞争性和非排他性，对于消费者来说可以免费使用，对于创造者来说得不到相应的报酬则没有积极性，因此提供这种产品就成为政府职责。应用研究与技术开发具有外部性，有直接的经济应用价值，一旦成功，能够给生产者带来较大的收益，应利用政府的作用建立知识产权法对其进行保护。

（二）课程思政设计

本案例主要通过介绍近年来政府对科学技术研发的投入突出政府对于科学技术公共产品的重视，在引导学生结合课程知识分析科学技术公共产品属性的同时，使他们深刻体会到科学技术是第一生产力，进而激发学生重视科学研发、积极投身科学研发的热情。

案例 4-3　科技创新的财政引擎

教学内容	思政要素融入点	育人目标
财政科技支出	案例可以挖掘的思政点： （1）以人民为中心 （2）科学发展观	要求学生在工作和学习中满怀民族自豪感，强化制度自信

四、教学案例使用

（一）主要采用的教学方法与手段

本案例采用的教学手段主要为问题导向、实事案例分析、教师讲授及小组讨论等。

（二）教学过程的组织与实施

1. 课前学习

课前通过在线学习平台发布学习通知，以问题思考与探讨的方式，提前布置学习任务与要求，让学生阅读材料并提前思考，对即将学习的内容有一定的了解和认识。

2. 课中学习

在课堂介绍完政府经常性支出的意义及基本项目之后，把案例内容展示给学生。让学生结合课前收集的资料，整理我国在科技支出上做出了哪些投入。

3. 课后学习

课后要求学生结合数字案例，进一步深入了解中国科技支出的规模，并结合已有知识进一步深入阅读学术论文和著作，在讨论课中以小组形式阐述思想，进行交流。

（三）考核与评价

本思政案例的考核与评价主要包括如下方面：

考核评价指标	考核评价内容	考核评价方式
知识	通过教学，使学生了掌握科技支出的含义、内容和管理，了解财政经常性支出的意义	回答问题 练习 作业 单元测试
能力	结合案例，在理解财政经常性支出意义的基础上，能够学以致用，分析我国新时期在科技领域不断增加投入的原因	资料搜集 研讨 观点分享 案例分析
素质	促使学生运用辩证发展的眼光看待事物，善于总结归纳与预测，提高分析问题和创新思维能力	团队讨论评测打分 小组内部评测打分 知识点讲解 作业、单元测试的完成情况
思政	通过本案例的学习，让学生能够树立坚持科学发展观的观念，提高社会责任感，以人民为中心	课前、课中、课后的表现 职业追求 价值取向

五、引申思考

（1）财政为什么要介入科学技术领域?

（2）财政介入科学技术领域的手段有哪些?

六、推荐阅读文献

[1] 张明媛，谷兰娟，王鹏程.财政科技支出绩效评价研究——以山东省为例 [J]. 财政监督，2021，503(17):51-58.

[2] 高燕.以高水平科技自立自强赋能山西经济高质量发展 [J]. 经济师，2022(12):6.

[3] 陈亚平，王胜华.我国财政科技支出结构、效果与问题研究 [J]. 科学管理研究，2021，39(5):140-149.

[4] 皇甫艺凡，蔡冬冬.财政分权、财政科技支出对地方技术创新的影响研究 [J]. 现代营销（下旬刊），2022，789(11):112-114.

[5] 聂开晶.财政科技支出对基本公共服务供给影响研究 [J]. 改革与开放，2022，590(17):1-13.

[6] 欧永发.财政科技支出、财政分权与经济低碳转型 [J]. 生产力研究，2022，361(8):102-106, 150.

[7] 孙丽慧.财政科技支出对我国高新技术产业竞争力的影响路径研究 [D]. 山东大学硕士学位论文，2022.

投资性支出

本章案例思维导图

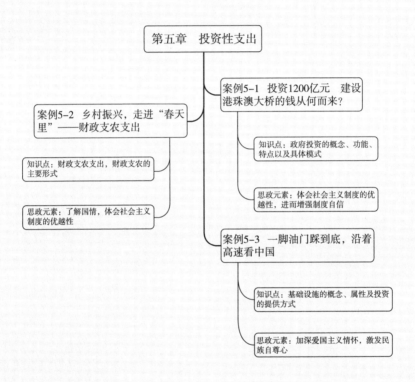

第五章　投资性支出

案例5-1　投资1200亿元　建设港珠澳大桥的钱从何而来？

案例5-2　乡村振兴，走进"春天里"——财政支农支出

知识点：财政支农支出，财政支农的主要形式

思政元素：了解国情，体会社会主义制度的优越性

知识点：政府投资的概念、功能、特点以及具体模式

思政元素：体会社会主义制度的优越性，进而增强制度自信

案例5-3　一脚油门踩到底，沿着高速看中国

知识点：基础设施的概念、属性及投资的提供方式

思政元素：加深爱国主义情怀，激发民族自尊心

投资 1200 亿元　建设港珠澳大桥的钱从何而来?

一、教学目标

（一）基本教学目标

1. 知识目标

要求学生充分理解政府投资这一经济范畴；掌握政府投资的概念、功能、特点以及具体模式；了解近年来政府投资的发展情况。

2. 能力目标

结合政府投资的具体模式，能够初步分析不同投资模式的优缺点。

3. 素质目标

要求学生在实现知识目标和能力目标的基础上更进一步了解国情，体会社会主义制度的优越性。

（二）思政教学目标

通过本案例的学习，要求学生对我国基础设施的投资建设有一个基本的认识，体会社会主义制度的优越性，进而增强制度自信。

二、案例描述

港珠澳大桥是"一国两制"制度下第一个涉及内地及香港和澳门两个特别行

政区的大型跨境基础设施合作项目。该项目主体工程、三地口岸和连接线共投资约 1200 亿元，根据《珠江水运》2018 年 10 月 30 日的报道，港珠澳大桥是中国工程史上投资金额最高的建设工程之一。为了实现这样规模的资金投入，港珠澳大桥的投融资决策过程是如何进行的？回答这些问题或许可以为未来粤港澳大湾区内下一个"超级工程"的投融资模式提供借鉴。[①]

1. 分阶段固定贷款利率

港珠澳大桥工程总长约 55 千米，总投资约为 1200 亿元。其中，三地口岸和连接线建设由粤港澳三方政府投资完成。大桥主体工程采用了一种"政府全额出资本金，其余部分由粤港澳三方共同组建的项目管理机构通过贷款解决"的融资方式。这意味着，大桥建设的资本金共 204 亿元，由中央政府和粤港澳三地政府共同承担，剩余的 276 亿元则通过银团贷款解决。大桥建成后将实行收费还贷。总体而言，港珠澳大桥的融资方式为未来类似规模的跨境基础设施建设提供了有益的参考和借鉴。

牵头组建银团是一项庞大的任务，不是每家金融机构都有能力承担。最终，中国银行凭借其雄厚的实力、优惠的信贷条件以及粤港澳三地一体化的服务优势，在评估中获得了最高分数，成为了大桥主桥项目唯一的贷款牵头行。这意味着中国银行将负责大桥主桥项目贷款和备用循环贷款的融资安排，并为项目的筹备、建设和运营提供全方位的金融服务。

在这一背景下，中国银行的成功经验或许能够为未来类似规模的银团组建提供一些宝贵的借鉴。

回首银团组建的过程，亲身经历者多用"有惊无险"来形容。在 2009 年初银团开始筹备时，粤港澳三地的金融机构对该项目表现出了极大的热情，累计意向参与金额甚至达到了银团总金额的两倍以上。但是，到了 2010 年正式启动银团筹建时，国内资金面开始转紧，许多金融机构的意向参与金额大幅下降。这一经历或许对未来的银团筹备和融资活动有所启示。

"几乎没有一家银行的审批是顺利的。"对于组建港珠澳大桥的银团贷款，项

---

① 唐柳雯，聂远格，郭静怡. 1200 亿元！建港珠澳大桥的钱从何而来？[J]. 珠江水运，2018，468 (20):32–34.

目负责人回忆说："银团合同谈判很艰难，仅合同条款就谈判了 20 多场，逐条协商。"中国银行为了组建这个贷款银团，不仅进行了近 10 次路演，还在粤港澳三地进行了多次市场测试，并举办了广东省规模最大的银团推介会。

中国银行在反复磋商和协调后，提出了一项创新举措——采取"分阶段固定利率"模式划分贷款合同期限。这一方案兼顾了各方的需求，获得了银团参与行的一致认可，为银团组建扫除了最大的障碍。

2. 多种投融资模式博弈

"政府出资本金，其余通过银团进行贷款"的大桥融资模式最终确立。"香港特区政府已与澳门特区政府和广东省政府达成突破性共识，将共同组建一家公司，出资建设港珠澳大桥。"2008 年 8 月 5 日，在粤港澳联席闭门会议前，与会代表向守候在外的记者宣布："中央政府决定对大桥主体工程给予资金支持。"港珠澳大桥原本计划采用"企业投资、政府补贴"模式进行投融资，但后来改由政府直接投资建设。在此之前，港珠澳大桥主体工程曾考虑过政府财政直接投资、建设—经营—移交（BOT）、资产证券化（ABS）、政府和社会资本合作（PPP）等多种投融资模式。

在港珠澳大桥前期工作协调小组的比较分析中，确定了采用建设—经营—移交（BOT）投融资模式的方案。根据该方案，粤港澳三地政府将通过特许经营权协议的方式授予港珠澳大桥投资者一定期限的项目特许经营权。

从国际经验来看，当时发达国家和地区都比较流行 BOT 模式。英吉利海峡隧道、香港东区海底隧道、马来西亚南北高速公路等是世界知名的 BOT 模式项目，因此，采用 BOT 模式对于港珠澳大桥建设具有诸多优势。BOT 模式既能弥补巨额投资所导致的建设资金短缺，又有助于利益驱动机制提高大桥建设的效率和生产力。然而，BOT 模式并不是完美无缺的，清华大学 PPP 研究中心首席专家王守清指出："英吉利海峡隧道项目中，项目公司破产的主要原因在于过多承担无法掌控的风险。"因此，合理公平的风险分担是 BOT 模式项目成功的关键因素之一。

此外，初定采用 BOT 模式可能会导致政府失去对大桥所有权和经营权的控制。同时，对于私人投资者而言，BOT 模式投资回报率不确定，成本回收期过长，因此不是当时的首选。

3. PPP 模式成未来推荐

2018 年 10 月 24 日，港珠澳大桥正式通车，随之而来的是一系列关于如何利用这些资金参与粤港澳大湾区下一个"超级工程"的建议。其中，项目负责人提出了一条建议："未来粤港澳大湾区之内的跨境项目投融资，可以引入更多的社会资本，以 PPP 模式展开，形成政府与社会投资者的共赢局面。"

在港珠澳大桥的投融资决策时期，内地交通建设管理往往以政府投资为主导，BOT 模式建设管理模式还处于初期探索阶段。然而，近年来我国出现了 PPP 模式热潮，这可能为粤港澳大湾区下一个"超级工程"的投融资模式提供了一些思路。在基础设施建设领域中，PPP 模式的创新可以有效减轻公共财政负担、优化财政支出配置，引入先进的技术和管理经验。通过将 PPP 项目市场化招标，大湾区内的项目也可以交由区域外的社会资本来承办，实现"谁做得好就给谁"的目标。

三、案例知识点分析与课程思政设计

（一）案例知识点分析

1. 政府投资

政府投资是将政府的资金投入转化为实物资产的活动，是整个社会固定资产投资的重要组成部分。

政府投资是一项重大职能，对于经济社会的发展具有重要影响。它不仅是实现国家发展战略和宏观调控的关键手段，也可以带动社会资本进行有效投资。政府投资在稳增长、促改革、调结构、惠民生、防风险等方面具有重要作用，同时可以弥补发展短板、优化供给结构、增强发展后劲等。

政府投资是政府作为投资主体的投资。西方国家的政府运用税收方式筹集资金，主要从事公共事业、基础设施等方面的投资。我国在一个相当长的时期中，政府是全国主要的投资者，几乎所有的重要投资项目都是由政府进行的。党的十一届三中全会后，投资领域发生了许多重要变化。由原来单一的政府投资主体发展为政府、企业、个人、外资等多种形式的投资主体。政府通过投资起到引导投资、调整投资结构、贯彻产业政策的重要作用。

2. 政府和社会资本合作（PPP）

政府和社会资本合作模式，也称 PPP（Public-private-partnership）模式。PPP 模式旨在向社会资本开放基础设施建设和公共服务项目。政府和社会资本合作模式是一种公私合作模式，旨在通过特许经营权、合理定价、财政补贴等方式，引入社会资本参与城市基础设施等公益性事业的投资和运营。该模式的特点在于利益共享和风险共担，双方各自发挥优势，以提高公共产品或服务的质量和供给效率。

3. BOT

BOT（Build-operate-transfer）是一种私营企业参与基础设施建设和向社会提供公共服务的方式。

在中国，BOT 一般被称为"特许权"，指政府部门与私人企业（项目公司）签订特许权协议，许可其在协议规定的特许期限内承担基础设施项目的投资、融资、建设和维护，并通过向用户收取费用或出售产品来回收投资并赚取利润。政府则保留对该基础设施的监督权和调控权。特许期满后，签约方的私人企业将该基础设施无偿移交给政府部门。

（二）课程思政设计

本案例通过珠港澳大桥的设计建造，让学生在巩固课堂上已学的政府投资的知识的基础上，进一步突出了解社会主义制度的优越性，进而增强制度自信。

案例 5-1　投资 1200 亿元　建设港珠澳大桥的钱从何而来？		
教学内容	思政要素融入点	育人目标
政府投资	案例可以挖掘的思政点： （1）社会主义制度优越性 （2）制度自信	要求学生在工作和学习中满怀民族自豪感，强化制度自信

四、教学案例使用

（一）主要采用的教学方法与手段

本次案例采用的教学手段主要为问题导向、实事案例分析、教师讲授及小组讨论等。

（二）教学过程的组织与实施

1. 课前学习

课前通过在线学习平台发布学习通知，以问题思考与探讨的方式，提前布置学习任务与要求，让学生阅读材料并提前思考，对即将学习的内容有一定的了解和认识。

2. 课中学习

在课堂介绍完政府投资的概念之后，把案例内容展示给学生。让学生结合课前搜集的资料，以珠港澳大桥的建设为引子充分了解我国基础设施建设事业的快速发展。进一步了解社会主义制度优越性，增强制度自信。

3. 课后学习

课后要求学生结合数字案例，进一步深入了解中国基础设施事业的飞速发展，并结合已有知识进一步深入阅读学术论文和著作，在讨论课中以小组形式阐述思想，进行交流。

（三）考核与评价

本思政案例的考核与评价主要包括如下方面：

考核评价指标	考核评价内容	考核评价方式
知识	要求学生充分理解政府投资概念、特点和功能	回答问题 练习 作业 单元测试
能力	结合珠港澳大桥的投资与建设情况，能够初步分析基础设施投资的主要筹资方式及其各自的利弊，认识更深层次的现代政府投资的模式特点	资料搜集 研讨 观点分享 案例分析
素质	学生通过现实案例，了解社会主义制度优越性，激发强烈的爱国情感	团队讨论评测打分 小组内部评测打分 知识点讲解 作业、单元测试的完成情况
思政	通过本案例的学习，使学生对我国基础设施的投资建设有基本的认知，体会到社会主义制度的优越性，进而增强制度自信	课前、课中、课后的表现 职业追求 价值取向

五、引申思考

（1）当前中国政府投资的筹资模式有哪些？

（2）PPP 模式有哪些需要完善的地方？

六、推荐阅读文献

[1] 艾伦·克莱因.基础设施投资的四种明智之举 [J].王赛锦，译.国外社会科学文摘，2018，463(12):43-47.

[2] 刘蕾，于倩，张明媛.财政投资性支出对经济高质量发展影响的研究 [J].山东行政学院学报，2021，180(5):69-78.

[3] 朱志刚.深化城建投融资体制改革的对策研究 [J].浙江金融，2017，458(5):31-36.

[4] 周宏达.基础设施领域不动产投资信托基金（REITs）助力地方政府性债务化解的有关探讨 [J].时代金融，2020，788(34):86-88.

[5] 张鹏飞，黄烨菁.中国企业参与"一带一路"基础设施建设 PPP 合作模式的影响因素研究——以亚洲发展中国家为合作对象的分析 [J].新金融，2019，360(1):25-31.

[6] 肖继勇，陈书伟，李京蔚.基础设施投资建设领域 PPP 模式相关问题探究 [J].科学咨询（科技·管理），2022，783(5):28-30.

案例 5-2

乡村振兴，走进"春天里"
—— 财政支农支出

一、教学目标

（一）基本教学目标

1. 知识目标

要求学生充分了解财政支农支出，掌握财政支农的主要形式。

2. 能力目标

结合乡村振兴大背景，能够初步分析财政支农支出的经济效应，更深层次提出完善财政支农支出的路径和措施建议。

3. 素质目标

要求学生通过了解国情，进一步体会社会主义制度的优越性，增强制度自信。

（二）思政教学目标

从育才的角度而言，财政学课程的人才培养目标要求加强学生的国情教育，树立深厚的爱国情感。通过本案例的学习，要求未来的财经工作者们熟知国情，充分体会社会主义制度的优越性，进一步增强爱国情感和制度自信。

二、案例描述

材料一： 2006 年财政支持"三农"力度大、政策实、措施多、机制新

2006 年财政支持"三农"具有力度大、政策实、措施多、机制新等特点。中央财政用于"三农"的各项支出共 3397 亿元（不包括用石油特别收益金安排的对种粮农民综合直补 120 亿元），比 2005 年增加 422 亿元，增长了 14.2%。2020 年 9 月 20 日，费翔在《乡村科技》发表的文章指出，新农村建设是解决"三农"问题的有效途径，公共财政是推动新农村建设的重要支撑。

一是全面取消农业税。同时，取消了农业特产税，制定出台《中华人民共和国烟叶税暂行条例》，这标志着国家与农民的传统分配关系发生了根本性变革，有利于农民减负增收和休养生息，有利于农业的长远发展。2006 年，中央财政支出和地方财政支出分别安排 782 亿元和 250 亿元。与 1999 年相比，农民减负约 1250 亿元，人均减负约 140 元，农村税费改革进入农村综合改革的新阶段。

二是加大补贴政策实施力度。2006 年，中央财政新增 120 亿元补贴资金，适时对种粮农民因农业生产资料价格上涨导致的增支实行综合直补，7.28 亿种粮农民直接受益；根据石油价格调整情况，拨付渔业等行业补贴资金 85.9 亿元。全国粮食直补资金达到 142 亿元，比 2005 年增加 10 亿元，其中 13 个粮食主产省份的直补资金达 126.8 亿元，均占本省份粮食风险基金的 50% 以上。中央财政安排良种补贴 41.5 亿元、农机具购置补贴 6 亿元，其中农机具购置补贴资金比 2005 年增长 100%。完善粮食最低收购价政策，及时拨付补贴资金 59 亿元。全面推广"一卡（折）通"，将补贴资金直接发放到农民的银行卡或存折中，并启动中国农民补贴网建设，加强补贴管理。符合我国国情、综合补贴与专项补贴相结合、管理比较规范的农业补贴政策体系初步建立，保障和促进了粮食安全生产。

三是顺利实施农村义务教育经费保障机制改革。从 2006 年春季学期开始，西部地区率先进行改革，全部免除农村义务教育阶段学生学杂费，同时对家庭经济困难学生免费提供教科书，并补助寄宿生生活费；中央财政对西部地区农村义务教育阶段中小学安排公用经费补助，启动全国农村义务教育阶段中小学校舍维修改造长效机制。中央和地方财政分别安排资金 150 亿元和 211 亿元，并对部

分专项资金实行国库集中支付，资金直达学校，平均每学年每个小学生减负 140 元、初中生减负 180 元。

四是扩大新型农村合作医疗制度改革试点范围。据统计，全国 50.7% 的县（市、区）进行了改革试点，参加合作医疗农民 4.1 亿人，中央财政补助标准由 10 元提高到 20 元，省级财政也相应提高补助标准。中央财政安排补助资金 42.7 亿元、地方的财政也支出增加，较大幅度地提高参加合作医疗农民的补助标准，从制度和机制上缓解了农民群众"因病致贫、因病返贫"的问题。

五是积极支持建立多元化的支农投入机制。在全国 162 个县开展整合支农资金试点，提高财政支农资金使用的规模效益。积极探索建立"民办公助"等机制，调动农民投入的积极性。大力支持农村金融体系建设。2006 年，中央财政拨付试点地区农村信用社保值贴补利息资金 29.31 亿元，并将试点地区的所得税减免政策延长 3 年，帮助农村信用社逐步化解历史包袱，增强发展后劲，更好地发挥社会主义新农村建设生力军的作用。这些措施促进了农业生产、农民增收和农村发展，加快了城乡协调发展步伐①。

材料二：乡村产业兴旺是乡村振兴的关键

乡村要振兴，产业必振兴。产业兴旺，是解决农村一切问题的前提。只有实现乡村产业振兴，才能更好地推动农业全面升级、农村全面进步、农民全面发展。

近年来，我国支持乡村产业发展的一系列政策措施不断落地，推动实施了一批重大工程、重大项目，乡村产业发展取得积极成效。农业生产继续稳定发展，2020 年，我国粮食总产量稳定在 1.3 万亿斤以上，农林牧渔业增加值约 8.14 万亿元，占农业及相关产业增加值比重的 48.8%；农业全产业链条发展更加成熟，2020 年，我国农产品加工业营业收入超过 23.2 万亿元，较 2019 年增加 1.2 万亿元，全国农业及相关产业增加值为 16.69 万亿元，随着农业产业链条不断延伸，产业发展的质量和效益不断提高；乡村旅游、农村电商等新产业、新业态蓬勃发展，2020 年，全国农林牧渔业休闲观光与农业农村管理服务实现增加值 6213 亿元，建设了一批产值超 10 亿元的特色产业镇（乡）和超 1 亿元的特色产业村；

---

① 关于 2006 年中央和地方预算执行情况与 2007 年中央和地方预算草案的报告 [EB/OL]. 中国政府网，（2007-03-05）. http://www.gov.cn/gongbao/content/2007/content_595159.htm.

技术、人才等要素对农业发展的支撑不断增强，2020 年，农林牧渔业科研和技术服务、教育培训与人力资源服务增加值分别为 2515 亿元、1520 亿元，农业信息技术、农业金融等其他支持服务增加值为 3717 亿元，资金、人才、技术和信息等要素加快向农业流动。

总的来看，我国乡村产业发展态势良好，仍有广阔发展空间，关键要在产业发展基础方面继续夯实，当前存在的一些短板和弱项也需及时补足和加强。一方面，乡村产业综合实力和竞争力仍不够强，表现出门类不全、规模较小、链条较短、布局较散的特征；乡村一二三产业融合程度不高，品种、品质、品牌等方面都亟待提升，产业发展的质量效益和农民获得的增值收益都比较低；一些地方同质化竞争现象比较突出，产业的内生动力和自我发展能力都需要增强。另一方面，农产品加工水平和能力有待提升，主要是农业发展方式较为粗放，农产品加工技术和装备等较为薄弱，农业标准化建设推进较为缓慢，这些都制约了农产品加工产业的发展。

要解决好这些现实问题，需着眼国家重大战略需要，聚焦稳住农业基本盘的要求，顺应产业发展规律，立足农业产业特征，以农民为主体，以农业和农村特色优势资源为依托，以科技创新为支撑，以农村一二三产业融合发展为路径，发挥有效市场和有为政府的作用，以更大力度、更实措施推动乡村产业振兴，带动乡村全面振兴。重点要在放活土地要素、完善财政支农投入机制、完善人才发展机制等方面切实发力，持续增强乡村产业发展动力、活力和竞争力[①]。

三、案例知识点分析与课程思政设计

（一）案例知识点分析

财政支农是指国家通过财政手段对农业、农村、农民提供支持。这是国家促进农业农村发展的主要手段之一，也是国家与农民之间分配关系的重要内容。财政支持农业农村的方式主要包括资金投入、优惠政策和制度建设等方面。

---

① 以产业兴旺促乡村全面振兴 [EB/OL]. 海外网，（2022-04-25）. https://baijiahao.baidu.com/s?id=1731054543252159206&wfr=spider&for=pc.

一是资金用于国家扶持项目，涵盖农业企业和事业单位的基础设施建设支出、事业费用以及科技三项费用等。

二是用于支持农业和农村发展。第一类是用于国家扶持的项目，包括农业企业和事业单位的基础设施建设支出、事业费、科技三项费用等。第二类是用于支援农村发展生产的资金，包括小型农田水利和水土保持补助费、农村生产组织资金支援、农村农技推广和植保补助费、农村草场和畜禽保护补助费、农村造林和林木保护补助费、农村水产养殖补助费等。

财政支农资金是指直接用于支持农业生产或与农业生产关联紧密的财政支出。其中，包括支援农村生产、农业综合开发、农林水利气象等部门的事业费用、支援欠发达地区、农口基本建设、企业改造升级资金、农业科技三项费用、农业研究经费、社会福利救济费、政策性补贴等。

（二）课程思政设计

"务农重本，国之大纲。""三农"问题一直是党和国家高度关注的重要问题。财政支持"三农"问题的解决也是财政作为国家治理的基础和重要支柱的关键一环。通过对本案例的了解和分析，帮助学生进一步梳理并了解国情，加深制度自信。

教学内容	思政要素融入点	育人目标
财政支农	案例可以挖掘的思政点： （1）国情教育 （2）制度自信	要求学生熟知国情，在工作和学习中满怀国家自豪感，强化制度自信

案例 5-2　乡村振兴，走进"春天里"——财政支农支出

四、教学案例使用

（一）主要采用的教学方法与手段

本次案例采用的教学手段主要为问题导向、实事案例分析、教师讲授及小组讨论等。

（二）教学过程的组织与实施

1. 课前学习

课前通过在线学习平台发布学习通知，以问题思考与探讨的方式，提前布置学习任务与要求，让学生阅读材料并提前思考，对即将学习的内容有一定的了解和认识。

2. 课中学习

在课堂介绍财政支持"三农"事业发展之后，把案例内容展示给学生。让学生结合课前收集的资料，充分了解财政支持乡村振兴等各项事业快速发展的政策举措。通过对国情的了解，进一步了解中国的财政支农政策现状，增强制度自信。

3. 课后学习

课后要求学生结合数字案例，进一步深入了解财政支农政策，并结合已有知识进一步深入阅读学术论文和著作，在讨论课中以小组形式阐述思想，进行交流。

（三）考核与评价

本思政案例的考核与评价主要包括如下方面：

考核评价指标	考核评价内容	考核评价方式
知识	要求学生充分了解财政支农支出 掌握财政支农的主要形式	回答问题 练习 作业 单元测试
能力	结合乡村振兴大背景，能够初步分析财政支农支出的经济效应，更深层次地提出完善财政支农支出的路径和措施建议	资料搜集 研讨 观点分享 案例分析
素质	要求学生通过了解国情，进一步体会社会主义制度的优越性，增强制度自信	团队讨论评测打分 小组内部评测打分 知识点讲解 作业、单元测试的完成情况
思政	从育才的角度而言，财政学课程的人才培养目标要求加强学生的国情教育，树立深厚的爱国情感。通过本案例的学习，要求未来的财经工作者熟知国情，充分体会社会主义制度的优越性，进一步增强爱国情感和制度自信	课前、课中、课后的表现 职业追求 价值取向

五、引申思考

当前中国财政支持乡村振兴的政策有哪些需要完善的地方?

六、推荐阅读文献

[1] 朱根豪. 财政支农对农民增收的影响研究 [J]. 山西农经, 2023, 338(2): 9-12.

[2] 刘冲. 新农村建设与公共财政 [D]. 吉林大学硕士学位论文, 2007.

[3] 邹孟奇. 农村建设中公共财政问题的解决对策 [J]. 财经界, 2021, 591(20): 9-10.

[4] 王双杰. 财政分权视角下的新农村建设公共财政投入 [J]. 中国产经, 2021, 261(5):111-112.

[5] 李梅, 黎涵, 刘成奎. 财政支农支出、农村资金外流与城乡居民收入差距 [J]. 经济问题探索, 2023, 486(1):159-175.

[6] 柳施展. 新时期公共财政助力新农村建设的思考 [J]. 农村经济与科技, 2019, 30(3):120-122.

案例 5-3

一脚油门踩到底，沿着高速看中国

一、教学目标

（一）基本教学目标

1. 知识目标

要求学生充分理解政府投资这一经济范畴；了解基础设施的概念，理解基础设施投资与一般投资的关系，掌握基础设施投资的属性，了解基础设施投资的资金来源，明确基础设施投资的提供方式。

2. 能力目标

结合政府投资的具体模式，独立思考，可以初步为政府基础设施建设投资计划提供合理的方式，并且能够提出可行性建议。

3. 素质目标

要求学生在实现知识目标和能力目标的基础上更进一步地了解国情，加深学生对基础设施投资的认识和理解，加深学生的爱国主义情怀，激发民族自尊心，培养民族自豪感。

（二）思政教学目标

通过本案例的学习，要求学生对我国基础设施投资有一个深入的认识，分析中国政府为什么在基础设施建设领域支出那么多，加深学生的爱国主义情怀，培养民族自豪感。

二、案例描述

材料一：从第一条到第一名①

公路运输作为地区间最直接、最有效的运输方式，是我国综合运输体系的重要组成部分，在全国客货运输中占据重要地位。根据图 5-1 提供的资料，截至 2021 年底，全国公路通车总里程达 528.07 万千米，公路密度达 55.01 千米 / 百平方千米。

图 5-1　2016—2021 年全国公路通车总里程与公路密度

资料来源：交通运输部、共研产业咨询。

改革开放初期，随着国民经济的快速发展，公路运输需求（客货运输量）急剧增加，公路建设长期滞后所产生的后果充分暴露。这一时期，社会各界对修建高速公路的问题非常关注，对于"中国要不要修建高速公路"产生了激烈的争论。反对一方认为，高速公路花费大、占用土地多，而我国小汽车少，不需要针对专为小汽车服务建设高速公路这种高消费产品。1981 年，国务院授权国家计委、国家经委和交通部以《关于划定国家干线公路网的通知》（计交〔1981〕789 号）确定了由 12 射、28 纵、30 横组成的国道网，总规模 10.92 万千米。作为我国第一个国家级干线公路网规划，虽未明确公路等级标准，但解决了国道网的布局问

---

① 聊一聊我国高速公路的前世今生 [EB/OL]. 公安部交通管理局，（2021-03-24）. https://baijiahao. baidu.com/s?id=1695079540911206768&wfr=spider&for=pc.

题，开启了修建公路的历程。1984 年，沈（阳）大（连）公路按照一级汽车专用公路的标准（学习借鉴日本高速公路设计要领）开工建设，建成后已具备高速公路技术标准。沪（上海）嘉（定）、西（安）临（潼）、广（州）佛（山）三条高速公路长度均不足 20 千米。按当时的规定，长度在 20 千米以内的高等级公路，可不按高速公路审批程序，经省级、部级主管部门审批立项。随后，交通部利用世界银行贷款，组织当时全国部属三大设计院（交通部公路规划设计院、交通部第一公路勘察设计院和交通部第二公路勘察设计院）组成强大的测设队伍赴现场踏勘、测量和设计，于 1984 年 12 月至 1986 年分段陆续开工建设京津塘高速公路，它是内地经国务院批准的第一条高速公路。

在 20 世纪 80 年代中期，我国开始了汽车专用公路的探索，而高速公路的起步要比发达国家晚了整整半个世纪之久。从图 5-2 中可以看出，中国高速公路建设从 1988 年开始逐渐进入一个稳步发展的阶段。1988 年 10 月 31 日，全长 20.5 千米的沪嘉高速公路一期工程通车；同年 11 月 4 日，辽宁沈大高速公路沈阳至鞍山和大连至三十里堡两段共 131 千米建成通车。到 1988 年底，我国内地高速公路总里程达到 147 千米，高速公路实现了零的突破，彻底结束了中国内地没有高速公路的历史。1990 年，全长 371 千米被誉为"神州第一路"的沈大高速公路全线建成通车，标志着我国高速公路发展进入了一个新的时代。1993 年，历经 8 年建设期的京津塘高速公路通车。

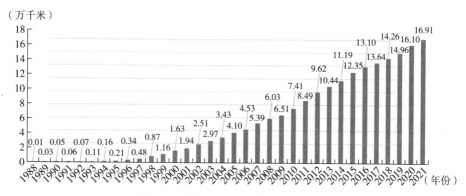

图 5-2　中国 1988—2022 年高速公路里程

资料来源：国家统计局。

1993 年，交通部印发了《国道主干线系统规划布局方案》，为我国高速公路持续、快速、健康发展奠定了基础。1993 年 6 月，"全国公路建设工作会议"在山东济南召开，会议确定了我国公路建设将以高等级公路为重点实施战略转变，同时明确了 2000 年前我国公路建设的主要目标是：集中力量抓好高等级公路建设，"两纵两横"（两纵为北京至珠海、同江至三亚，两横为连云港至霍尔果斯、上海至成都）国道主干线应基本以高等级公路贯通，"三个重要路段"（北京至沈阳、北京至上海和重庆至北海）力争建成通车，形成几条对国民经济和社会发展具有重要战略意义的大通道。1997 年底，我国高速公路通车里程达到 4771 千米，10 年间年均增长千米数为 477 千米；相继建成了沈大、京津塘、成渝、广深、济青等一批具有重要意义的高速公路。

1998 年，我国政府为应对东南亚金融危机做出了"实施积极财政政策和较为宽松的货币政策、加快各项基础设施建设"、扩大内需、稳定经济增长的决策，决定重点实施基础设施建设，包括公路、铁路、通信、环保、农林及水利等，而公路建设是重中之重。1998 年，全年新增高速公路里程 3962 千米，总里程达到 8733 千米，居世界第六位，创下了年度新增高速公路的新纪录。1999 年 10 月，我国高速公路里程突破 1 万千米，达到 11605 千米，跃居世界第四位；到 2000 年底，我国高速公路里程达到 16285 千米，跃居世界第三位。

进入"十五"时期，我国高速公路继续保持举世瞩目的快速发展势头。2001—2005 年，建成高速公路总里程 2.47 万千米，总里程相继突破 2 万、3 万和 4 万千米三大关口，2005 年底，高速公路达 4.1 万千米，仅次于美国，居世界第二位，完成了西方发达国家几十年才能走完的发展历程。到 2007 年底，我国高速公路里程迈上了 5 万千米的台阶，达到 5.39 万千米；经过 15 年的艰苦努力，总里程 3.5 万千米的"五纵七横"国道主干线系统比原计划提前 13 年基本贯通，国家高速公路骨架初步成网，高速公路网对经济社会发展的推动作用更加显著。

2009 年，我国完成公路建设投资超过 9668 亿元，同比增长 40% 以上；同年底，高速公路里程达到 6.51 万千米。2010 年，公路建设投资历史性地突破了万亿元大关，高速公路总里程突破 7 万千米，达到 74113 千米。"十二五"时期，我国公路累计完成投资 7.1 万亿元，是"十一五"时期的 1.74 倍。全国高速公路年均新增里程 9900 千米，是"十一五"时期的 1.5 倍。2012 年，高速公路通车里程达 9.6 万千米，首次超越美国，居世界第一位。到 2015 年底，高速公路通车里程达 12.4 万千米，覆盖全国 97.6% 的城镇人口 20 万以上城市。

我国高速公路建设虽然起步相对较晚，但是整体发展较快。随着"五纵五横十联"综合运输大通道的基本贯通及国家"71118"高速公路网规划基本建成，我国高速公路网不断延伸，行业发展增速显著。如图 5-3 所示，2015—2021 年的 7 年间，我国高速公路建设投资额持续提升，全国高速公路建设投资额从 7950 亿元增长至 15151 亿元，年均复合增长率 11.35%。经过改革开放以来 40 余年的发展，我国公路交通运输历经了从"瓶颈制约"到"总体缓解"，再到"基本适应""适度超前"的发展历程，公路规模总量已位居世界前列，其中高速公路里程已稳居世界第一位。根据图 5-2 数据统计，到 2021 年底，我国高速公路总里程达 16.91 万千米，国家高速公路网主线基本建成，覆盖约 99% 的城镇人口 20 万以上城市及地级行政中心。

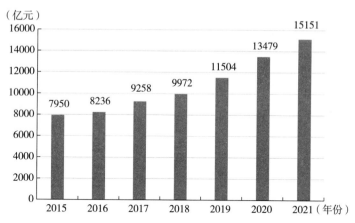

图 5-3 2015—2021 年我国高速公路建设投资金额

资料来源：交通运输部、共研产业咨询。

材料二：高速公路建设带动地区发展

（1）包茂高速沿线革命老区的"烟火气"——包茂高速湖南怀化市通道县陇城互通至广西桂林龙胜县思陇互通段 2017 年 11 月 1 日正式通车，标志着包茂高速已全线贯通。包茂高速全长 2800 余千米，沿途经过内蒙古、陕西、四川、重庆、湖南、广西、广东 7 个省份，在这一路上，经过内蒙古中西部的鄂尔多斯高原、黄土高原的草地、沙地，穿越秦岭、大巴山，在重庆跨越长江，向东南进入黔江和湘西山岭重丘区，经桂林翻越南陵至广东西部沿海，其中延安作为革命老区，是包茂高速沿途不可取代的一道风景[①]。

从包茂高速万花山出口驶出，行驶约半小时便是延安市区，受旅游业发展影响，从 2019 年开始，宝塔区连续两年举办延安夜经济夜生活节，孕育了缤纷多彩的延安夜间文化，这不仅彰显了当地红色革命文化优势与绿色生态，也把延安最优、最亮的产品推广出去，进一步改善了延安人的工作方式和生活状态。随着交通环境的改善和发展，旅游业蓬勃发展，给延安带来了巨大变化，这里早已不是从前的黄土、窑洞、白头巾，唯一不变的，是老区人民的人情味儿和烟火气。

（2）长江经济带连通中致富的农民们——全长 1900 千米的沪渝高速是中国国家高速公路网中一条连接华东、华中和西南的东西横向干线，于 2009 年 12 月 19 日贯通，是长三角都市圈沿江向中西辐射的重要通道，对长江经济带南部的发展具有重要支撑作用，途经上海、江苏、浙江、安徽、湖北和重庆 6 个省份。沪渝高速也是重庆向东的出海大通道，它的贯通使得从重庆开车到上海全程只需 17 个小时，同时实现了长江上、中、下游的快速互通，也是首条真正意义的贯穿长三角地区的高速公路通道，对于加强长三角地区的经济活动往来具有重大意义。在沪渝高速十余年的建设过程中，随着各路段逐步建成通车，沿线的农民也从中获益，并由此走上自己的小康之路。

自 2006 年 10 月正式建成通车以来，沪渝高速浙江段沿线也悄然发生着变化。交通对沿线经济走廊的资源互补和合作发展的积极影响推动了当地的种植业、养殖业、旅游业等蓬勃发展。湖州市南浔区双林镇向阳村紧邻沪渝高速在浙江境内的起点，当地村民一起合作搞起了党群创业园。随着创业园的水果挂果、成熟并顺利销售，村里大部分人都富了起来。向阳村村支书说，随着村子近 2000 亩土地的流转，实现了现代化农业的同步发展，水产、苗木、果树等专业化、规模化生产让村集体收入达到 188.5 万元，"这与周边交通的发展是分不开的，高速公路、省道、县道及

---

① 2021 年中国高速公路总里程、高速公路建设投资金额、收费高速公路总里程统计 [EB/OL]. 共研网，（2023-03-24）. https://www.gonyn.com/industry/1384315.html.

乡村公路的发展，让先进的发展理念进得来，也让我们的产品出得去"。随着沪渝高速的建成，其造福的人群远不止向阳村 1600 余名村民，这条中国首条真正意义上横穿长三角地区的高速公路，对扩张升级长三角都市圈高速网、促进更大物流和财富在申、苏、浙、皖间流通，推动长江流域经济不断腾飞具有深远意义。

（3）京沪高速连接中国高速公路事业新起点——G2 京沪高速公路是连接北京和上海的大通道，全长 1218 千米，飞跃长江，串联起天津港、黄骅港、苏州港、上海港等多个重要港口，是京津冀地区、黄河三角洲地区和长三角地区区域协同发展的重要动脉。该线的贯通使中国华北、华东地区连为一体，缓解了北京到上海交通走廊的运输紧张状况，这一路我们可以看到阳澄湖高速服务区 11 万平方米的停车场，日均入区 1.4 万辆次；山东蟠龙隧道单洞总厂 5010 米以及它的"新奥法"设计；最大跨径 210 米，全长 5750 米的济南黄河二桥，对加强国道主干线的联网和发挥高速公路的规模效益，以及加强北京、天津、河北、山东、江苏、上海间的经济联系与合作、促进沿线地区乃至中国的经济发展具有重要意义，为 20 世纪我国高速公路的建设画上了一个圆满的句号，被誉为连接 21 世纪中国高速公路事业的新起点。逢山开路，遇水架桥，这是中国高速自沪嘉高速建成通车后，长达 33 年的发展之路，是中国高速公路 16 万千米总里程数位居世界第一背后的决心。

在过去的几十年里，中国公路跨越长江向南进入云贵高原，从雷州半岛跨越琼州海峡建成了兰海高速；在青藏高原横断山脉区域的崇山峡谷之中，翻越了二郎山、雀儿山、达马拉、色季拉等 14 座大山，又跨过青衣江、大渡河、雅砻江、金沙江等难以计数的大小江河建成了被称为"天路"的川藏公路；沿内蒙古高原东部，穿越燕山山脉、华北平原，跨越黄河，翻越大别山，穿越长江，沿罗霄山脉翻越南陵建成了大广高速公路。

三、案例知识点分析与课程思政设计

（一）案例知识点分析

1. 基础设施投资的性质

（1）基础设施的含义。基础设施是指为社会生产和居民生活提供公共服务的物质工程设施，是用于保证国家或地区社会经济活动正常进行的公共服务系统。基础设施的内涵有广义和狭义之分。狭义的基础设施是政府（财政）资本性投资的主要领域，指经济社会活动的公共设施，主要包括交通运输、通信、水利、供电、机场、港口、桥梁和城市供排水、供气等部门；广义的基础设施，还包括提供无形产品或服务的科学、文化、教育、卫生等部门。

（2）基础设施的属性。基础设施为不同的生产者提供了"共同生产条件"，具有公用性、非独占性和不可分性，且基础设施大都属于资本密集型行业，需要的投资额较大、建设周期长、投资回收比较慢，单个企业很难独立投资完成项目的建设。

（3）基础设施投资与一般投资的关系。基础产业是支撑一国经济运行的基础部门，是处在上游的产业部门，它决定着工业、农业、商业等直接生产活动的发展水平，所提供的产品和服务构成其他部门需要的投入品和服务。当基础产业、加工工业和服务业发展时，一般要求适度加大基础设施投资，要求基础设施的适度超前发展，但是不能无限扩张，为达到一定的产出量，基础设施投资和一般产业投资之间必须保持一定的配比关系，且按一定的比例递增。

2. 基础设施投资的提供方式

（1）政府提供—纯公共物品。

（2）私人提供—投资周期短，效益好（如地方性公路和桥梁）。

（3）政府与私人合作提供。① PPP 模式（Public-Private-Partnership）。② BOT 模式（Bulid-Operate-Transfer）。

（4）政府投资，法人团体经营运作。

（二）课程思政设计

本案例通过中国高速从无到有，并跃居世界第一位的发展历程，让学生在巩固课堂上已学的基础设施投资建设知识的基础上，进一步突出了解社会主义制度的优越性，对比世界其他国家和地区对基础设施投资及一般产业投资的侧重发展情况，结合我国国情，使学生砥砺家国情怀，增强自我使命担当。

案例 5-3 一脚油门踩到底，沿着高速看中国		
教学内容	思政要素融入点	育人目标
基础设施投资	案例可以挖掘的思政点： （1）社会主义制度优越性 （2）治国理念不同，砥砺家国情怀	要求学生在工作和学习中满怀民族自豪感，激发使命担当

四、教学案例使用

（一）主要采用的教学方法与手段

本案例采用的教学手段主要为问题导向、实事案例分析、教师讲授及小组讨论等。

（二）教学过程的组织与实施

1. 课前学习

课前通过在线学习平台发布学习通知，以问题思考与探讨的方式提前布置学习任务与要求，让学生阅读材料并提前思考，对即将学习的内容有一定的了解和认识。

2. 课中学习

在课堂介绍完基础设施投资的内涵后，把案例内容展示给学生。让学生结合课前收集的资料，以中国高速公路建设历程为引子充分了解我国基础设施建设事业的快速发展。进一步激发学生的民族自尊心，培养民族自豪感。

3. 课后学习

课后要求学生结合数字案例，进一步深入了解中国基础设施事业的飞速发展，并结合已有知识进一步深入阅读学术论文和著作，在讨论课中以小组形式阐述思想，进行交流。

（三）考核与评价

本思政案例的考核与评价主要包括如下方面：

考核评价指标	考核评价内容	考核评价方式
知识	要求学生充分理解基础设施投资的内涵、属性及与一般产业投资的关系	回答问题 练习 作业 单元测试
能力	结合中国高速公路的投资与建设，可以初步为政府基础设施建设投资设计提供合理的方式，并且能够提出可行性建议	资料搜集 研讨 观点分享 案例分析
素质	学生通过现实案例，了解治国理念，激发强烈爱国情感	团队讨论评测打分 小组内部评测打分 知识点讲解 作业、单元测试的完成情况
思政	通过本案例的学习，要求学生对我国基础设施的投资建设有一个基本的认识，激发民族自尊心，培养民族自豪感	课前、课中、课后的表现 职业追求 价值取向

五、引申思考

（1）如何调动市场积极参与基础设施项目？

（2）在什么情况下社会资本才会介入公共产品和服务提供领域？各级政府在采用 PPP 模式时应该关注哪些问题？

六、推荐阅读文献

[1] 蒋锦华.高速公路建设项目投资风险分析及控制 [J].低碳世界，2021，11(11):143–144.

[2] 王艳艳.新形势下高速公路建设投资融资模式存在的问题及对策 [J].金融经济，2016，428(2):192–193.

[3] 孙明，范文豪.新时代高速公路投融资模式研究 [J].交通企业管理，2023，

38(1):51-53.

[4] 尹崇懿. 关于 BOT 高速公路建设期收入会计处理的探讨 [J]. 交通财会，2023，426(1):37-39，49.

[5] 何长杰. PPP 模式下高速公路项目财务管理问题及对策浅析 [J]. 中国集体经济，2022，728(36):102-104.

[6] 本刊综合. 交通出行的两会好声音——2021 全国两会代表委员关于高速公路发展的提案建议一览 [J]. 中国公路，2021，588(8):22-25.

[7] 席悦. 我国高速公路发展历程 [J]. 中国物流与采购，2018，559(18):34-35.

[8] 曹瑾，唐志强. "微课＋翻转课堂"模式下的教学设计——以"基础设施投资"为例 [J]. 西部素质教育，2017，3(2):155-156，158.

转移性支出

本章案例思维导图

第六章　转移性支出

案例6-1　老吾老，以及人之老
——中国社会养老保险的产生与发展

案例6-2　分散经营风险，为农业
保驾护航——助推乡村振兴战略

知识点：中国养老保险制度：概念、功能、
特点、筹资模式，以及其产生与发展历程

思政元素：熟知国家历史，树立深厚的历
史观

知识点：农业保险的概念及其功能

思政元素：家国情怀、肩负时代责
任和历史使命

老吾老，以及人之老
—— 中国社会养老保险的产生与发展

一、教学目标

（一）基本教学目标

1. 知识目标

要求学生充分理解保险这一经济范畴；掌握和了解中国养老保险制度：概念、功能、特点、筹资模式，以及其产生与发展的历程。

2. 能力目标

结合中国养老保险的历史演变与发展，能够初步分析养老保险制度变迁的深层次原因，并更深层次地把握现代养老保险制度的特点。

3. 素质目标

要求学生培养大历史观，具备历史思维，在熟知养老保险的历史发展的基础上更进一步了解国情，体会社会主义制度的优越性。

（二）思政教学目标

从育才的角度而言，财政学课程的人才培养目标要求加强学生熟知国家历史，树立深厚的历史观。通过本案例的学习，要求未来的财经工作者们从财政职业道德的法制、诚信、客观、公正等角度提升个人修养，遵纪守法，严格要求自己。

二、案例描述

材料一：中国养老保险制度发展历程

中国的养老保险制度以中华人民共和国成立为起点，经历了从无到有、从小到大、从城镇到农村、从职业人群到城乡居民的发展过程。这一过程大致可分为三个阶段[①]：

（一）第一阶段：养老保险制度的建立与发展（1951—1984 年）

1. 初建社会化养老制度

中国的城镇养老保险制度起步于 20 世纪 50 年代初，以《中华人民共和国劳动保险条例》（以下简称《条例》）的颁布为标志。1951 年 2 月 23 日，政务院第 73 次政务会议通过《中华人民共和国劳动保险条例》，从 3 月 1 日起生效，这标志着我国企业职工养老保险制度从此建立。这时养老保险的主要参保人范围是城镇企业职工。

我国初步建立的养老保险制度不仅规定了统一的支付条件、待遇标准和缴费比例，还规定了劳动保险金的 30% 上缴全国总工会作为社会保险总基金，对各地和各企业进行调剂，实现了全国统筹。根据记载，1957 年全国已有 1600 万企业职工实行《条例》，同时有 700 万与企业签订集体劳动保险合同的职工，社会保险制度的覆盖面达到了国营、公私合营、私营企业职工总数的 94%。与 1952 年国际劳工大会通过的 102 号《社会保险（最低标准）公约》的规定相比，可以说这一时期我国的社会保险制度起点较高，发展相当迅速。[②]

根据《条例》中对退休后工人待遇的规定，一般工龄大部分职工都能达到上限，一般能够达到退休前在职工资的 60%，再加上企业支付的其他福利性待遇，养老金替代率能够达到 80% 以上。中华人民共和国成立之初，百废待兴，企业养老保险制度初建就达到如此高的养老金替代率（目前的替代率也仅在 40% 左

[①] 中国城镇养老保险制度变迁综述 [EB/OL]. 百度文库，https://wenku.baidu.com/view/ed7679d480d049649b6648d7c1c708a1284a0ae9.html.

[②] 严忠勤. 当代中国的职工工资福利和社会保险 [M]. 北京：中国社会科学出版社，1987:305-307.

右），起点非常高。过高的养老金替代率造成企业负担过重，导致逐渐不可持续，成为日后企业养老保险进行全面改革的导火索之一。

2. 社会动荡使养老保险制度陷入"沉寂"状态

1966—1976 年的"文化大革命"对各个领域带来了灾难性影响，其中社会保险制度也未能幸免。在机构被撤、资料散失、政令不通的情况下，1969 年 2 月，财政部发布了《关于国营企业财务工作中几项制度的改革意见（草案）》，宣布"国营企业一律停止提取劳动保险金"，"企业的退休职工、长期病号工资和其他劳保开支，改在营业外列支"，从而取消了社会统筹的养老保险制度使之变成企业保险。社会动荡期间，养老保险制度失去了社会统筹的功能，但保险标准仍保持不变，人民生活水平缓慢提高，基本待遇得以支付。

3. 规范离退休制度

1978 年 6 月，国务院发布了《关于安置老弱病残干部的暂行办法》和《关于工人退休、退职的暂行办法》，重新规定了离退休的条件和待遇标准，以解决以往存在的问题和不正常现象。

（二）第二阶段：养老保险制度的改革与探索（1985—2000 年）

1. 养老保险制度重建：从试点到全国统筹

自 1985 年开始试点以来，养老保险制度在经济体制改革的大背景下，迎来了重建的机遇。1991 年，国务院颁布了《关于城镇企业职工养老保险制度改革的决定》，养老保险从单方面的雇主负担逐渐转变为由国家、企业、个人三方共同承担，并在全国范围内重新实行了养老保险社会统筹制度。从统筹层次上看，一般为市级统筹，但也出现了行业统筹这一保护自身利益所采取的特殊做法。行业统筹引起了地方政府的不满，随着我国养老保险制度改革的不断深化，1997 年 7 月，国务院下发了《关于建立统一的企业职工基本养老保险制度的决定》，正式确定了我国城镇企业职工的养老保险制度的框架，即通过明确职工和企业缴费比例，实现社会统筹与个人账户并存，逐步实行企业职工基本养老保险的省级统筹。

1997 年建立的企业职工基本养老保险制度虽然引进了部分基金积累制，但始终没有对转轨成本（由现收现付制转为基金积累制，制度转轨前已退休和转轨前参加工作、转轨后退休人员，即"老人"和"中人"遗留下来的隐形养老金债务）做出相应安排，该笔隐形养老金债务的压力一直借由社会统筹方式缓解，从而使统账结合的养老保险制度在现实中演变为混账管理和空账运行的模式。统账结合的养老保险制度实质上仍然是现收现付制，具有基金积累制内涵的个人账户沦为一个名义账户。马嘉昕于2023年1月15日在《上海商业》发表的文章中称，我国养老保险制度改革刻不容缓。

2. 完善养老保险制度的体系架构

经过多年的改革，我国的养老保险制度呈现出全新的面貌：多层次体系框架初步建立，包括基本保险、补充保险（企业年金）和个人储蓄性保险，并与国际上流行的"三个支柱"保障理论相契合；实行企业和职工个人共同缴费，以及国家财政资助的筹资政策。同时，建立了社会统筹和个人账户相结合的制度模式，更充分地体现了公平和效率的原则；开始形成养老金的正常调整机制，使离退休人员能够分享经济和社会的发展成果。这一时期的养老保险制度走向了规范、统一。

（三）第三阶段：养老保险的整合与完善（2001—2010年）

第三阶段基本上是在1997年建立的企业职工基本养老保险制度框架内进行细化、完善：明确个人账户缴费比例，逐步做实个人账户；扩大养老保险覆盖面，完成新农合、城居保的全覆盖；颁布《社会保险法》；实现机关事业单位和企业职工养老保险制度的并轨；完善省级统筹，逐步实现全国统筹。

材料二：古代养老概念的确立[①]

在古代，人们就已经明确了"老人"的概念和标准。其中，先秦时期还提出了"国家养老"的概念。《礼记·曲礼上》记载："六十曰耆，指使；七十曰老，而传；八十九十曰耄……"大概意思是，人到了60岁，就算老年人，可以指使人干活；70岁身体各项机能进一步衰弱，应该交代家事，把该安排的都安排好；

---

① 先秦时期提出"国家养老"概念[N/OL].达州晚报，（2013-11-16）. http://www.dzrbs.com/dzrbspage/dzwb/html/2013-11/16/content_258791.htm.

80 岁、90 岁，已算耄耋老人；等等。

先秦时期的养老，首先是关注老年人的饮食。《礼记·王制》曾详细记载：从 50 岁起，就应该给细粮吃；到了 60 岁，还要准备隔宿的肉食；到了 70 岁，则要增加副食；到了 80 岁，要经常供奉珍馐美食。尊老敬老是中华民族的传统美德，社会对老年人的赡养和照顾有着具体的规定和措施。例如，在夏商周等时期实行了给有老人的家庭减免徭役、发放粮食等政策，以促进子孙对老年人的赡养。

中国古代的"国家养老"制度及其实施情况。除了"家庭养老"模式，先秦时期还出现了"国家养老"制度。能享受国家养老待遇的主要是四类老人：道德楷模的"三老五更"、烈士家属的"家中之老"、离休老干部的"致仕之老"，以及五保户的"庶人之老"。除此之外，先秦时期还实施了"免费医疗"，特别是周朝起实施的"养疾之政"。官府中专设"掌病"一职，负责给老人"问病"，定期进行检查。然而，这项制度在后来逐渐荒废。

汉朝是中国古代养老制度形成和发展的重要时期。当时，汉朝推出了一系列相对完备的制度，其中包括针对老年人的保护法规。尤其是对于家庭养老，汉朝制定了极为严格的规定和要求。在汉朝，不孝不养是一项严重的罪行，尤其是对待父母、祖父母等长辈更是如此。此外，汉朝还颁布了"老年人保护法"，为老年人提供了更多的法律保障和支持。

为了确保家庭养老的落实，汉律规定不赡养老人者将被"弃市"。由于汉朝人的平均寿命只有 30 岁，能够活到 60 岁或 70 岁已经十分不易，"人生七十古来稀"这一说法非常贴切。因此，汉朝将"老人"的标准提前了 4 岁，即 56 岁以上的人可以享有相应的老人保障权益，如免除税赋。根据汉朝规定，成年男女 13—56 岁每年要缴纳 120 钱的人头税，但到了 56 岁以上则可以免缴。对于 90 岁及以上的老人，甚至连家属都可以享受到免除徭役的待遇。此外，朝廷每年还会直接给民间老人发放食物。例如，汉文帝刘恒即位当年就下诏，赐予 80 岁以上的老人每月一石米、二十斤肉和五斗酒，90 岁及以上的老人还会额外获赠两匹帛子和三斤絮。

在汉朝还会给老人发放"老年证"。当然，这种老年证并不是如今的小本子，而是一种实用物品，叫作"鸠杖"。鸠杖又称为"王杖"，是帝王赐予老人使用的拐杖，代表着一种特殊的权力象征。从历史记录和考古发现来看，汉朝在鸠杖的赠送上确立了制度。汉高祖刘邦做出了鸠杖赠送高龄老人的先例，而汉宣帝刘询则将其制度化，规定所有80岁以上的老人都应由朝廷授予王杖。为了保证鸠杖的权威性，汉朝还制定了相应的法规。1959—1981年，甘肃武威磨嘴子汉墓中先后出土了8根王杖，同时也发现了《王杖十简》和《王杖诏令册》木简。《王杖诏令册》全文近600字，规定了70岁以上老人应该享受的生活和政治待遇，有学者称之为中国最早的"老年人保护法"。其中，有一项特殊的法律规定，针对70岁以上的老年人，即使他们违反刑法，只要不是首犯，也不会被起诉。这一规定继承了先秦时期老人"虽有罪，不加刑焉"的制度，旨在尊重老年人的社会地位和贡献，并通过减轻对他们的法律制裁，保障他们的尊严和福利。这一规定在很大程度上反映了对老年人的尊重和关注，并体现了中国古代尊老敬老的传统美德。与此同时，这一规定也提醒我们，要尊重老年人的权利和自主性，给予他们应有的社会地位和保障，以维护社会的公正和稳定。

此外，魏晋南北朝时期的养老制度也出现了新的发展。例如北魏首创的"存留养亲"制度对晚清社会仍然产生了深远的影响。该制度作为一种司法缓刑制度，允许死囚和流刑犯在家中侍奉亲人，等到亲人去世后再服刑，这一制度为直系血亲提供了照顾的机会，也体现了对家庭关系的重视。

在唐朝，精神养老成为一种流行趋势。

在唐朝，养老制度备受皇帝重视，反映了当时社会对老年人的尊重和关注。唐朝继承了汉朝的许多做法，包括给老人"赐杖""免税"等，旨在为老人提供物质上和精神上的支持，使他们过上幸福、健康的晚年生活。据《唐大诏令集》记载，唐太宗在"即位赦"中特别提出，"八十以上各赐米二石，绵帛五段；百岁以上各赐米四石，绵帛十段；仍加版授，以旌尚齿"。唐朝对尊老敬老非常重视，这种尊老的风气在唐代被称为"尚齿"。唐朝的养老制度也相当完善，其中有一项"补给侍丁"的制度，官府免费给民间老人安排护工。这项制度旨在为老年人提供生活上的支持和帮助，让他们过上幸福的晚年生活。

在唐朝，"补给侍丁"的标准非常明确，根据年龄和身体状况不同，提供不同数量的护工。唐朝还流行着一个名词叫"色养"，即奉养父母时要和颜悦色，不能让老人不开心。甚至还有"精神养老"一说。当时，许多人都尊重老年人的生命和智慧，赡养老人也被认为是一种道德和文化的传承。其中，房玄龄更是一位道德楷模，不仅是一位卓越的政治家和文化名人，而且在赡养老人方面也非常称职。他"色养"老人极为到位，被誉为"恭谨过人"，成为了后人赞誉的对象。

在古代，尊重老人并照顾他们是一项至高无上的道德义务。如果子女不孝顺，甚至对老人发脾气，都是极其不道德的行为。为了防止这种现象的发生，唐律规定："凡有祖父母或父母在世，而子孙擅自离家别墅、转移财产者，将被处以三年徒刑。"这意味着，如果家中有老人，子孙就不能轻易地远离他们，必须留在老人身边照顾他们。这项规定有效地解决了"空巢"现象的问题。

历史上的各个朝代都非常注重尊老爱老，因此都会根据当时的实际情况制定出一些具体的养老政策。从宋朝开始，还涌现出了养老院等慈善机构。这些养老院为那些没有亲人或无法得到儿女照顾的老年人提供了温暖和照顾。

"养老院"这种养老方式的起源可以追溯到南北朝时期。梁武帝萧衍在公元521年曾在都城建康创办了名为"孤独园"的养老机构。到了唐朝时期，这种养老机构被广泛推广，武则天时期唐朝还开设了收容贫、病、孤、疾者的"悲田养病院"。但真正让"养老院"这种养老方式流行起来的是宋朝。北宋初年就开设了名为"福田院"的养老机构，后来还有"居养院""养济院"等。这些养老院都是慈善性质的，入院老人的年龄也放宽到50岁以上。同时，民间养老院也普遍兴起。据史书记载，在与南宋对峙的金国兴中府，有一位名叫刘厢使的汉族人，遣散家中奴婢，拿出全部财产兴建了名为"孤老院"的养老机构。元世祖忽必烈在历史上采纳了汉臣刘秉忠的建议，逐步建立和完善了元朝的收养救助制度。在当时，各地纷纷设立了养济院，用于提供救助和收养服务"诸鳏寡孤独、老弱病残、穷而无告者"。

清朝嘉庆元年，皇极殿太上皇御赐的养老银牌在明清两朝仍然发挥重要作用，而明、清两朝的养老院则沿袭了南宋和元朝的做法，被称为"养济院"。朝廷继续发展官办、民办等各种形式的社会养老机构。明朝的朱元璋恢复了汉朝制度化的"赐杖"与"赐爵"制度，在物质救济上也颁布了两次诏令，实行孤贫老人终身养老。清朝则重视古老的"赐食"制度，多次邀请全国老人到紫禁城内享用大餐，称之为"千叟宴"，其中以乾隆年间最为盛大。

三、案例知识点分析与课程思政设计

（一）案例知识点分析

1. 社会保险

社会保险是一种社会和经济制度，旨在为因丧失劳动能力、暂时失去工作岗位或因健康原因造成损失的人口提供收入或补偿。其主要项目包括养老保险、医疗保险、失业保险、工伤保险和生育保险。

社会保险计划由政府主导，其强制性质要求某一群体将其收入的一部分作为社会保险税，形成社会保险基金。在满足一定条件的情况下，被保险人可以从基金中获得固定的收入或损失的补偿。社会保险是一种再分配制度，其目标在于保证物质和劳动力的再生产，以及社会的稳定。

在中国，社会保险是社会保障体系的重要组成部分，其在整个社会保障体系中处于核心地位。社会保险是一种缴费性的社会保障，资金主要由用人单位和劳动者本人缴纳，政府财政给予补贴并承担最终的责任。然而，劳动者只有在履行法定的缴费义务，并符合法定条件的情况下，才能享受相应的社会保险待遇。

2. 养老保险

社会基本养老保险是根据一定的法律和法规，由国家和社会为解决劳动者在达到国家规定的退休年龄或因年老丧失劳动能力退出劳动岗位后的基本生活而建立的一种社会保险制度。养老保险的目的是保障老年人的基本生活需求，为他们提供稳定可靠的生活来源。

3. 养老保险的筹资模式

养老保险筹集资金的模式包括三种：现收现付制、完全积累制和部分积累制。

（1）现收现付制，简单来说就是预先计算出一定期间一国养老保险的总支出额，然后据此确定用人单位和劳动者的缴费比例并进行征缴，用当期所得支付当期支出的模式。

（2）完全积累制，是将用人单位和劳动者按一定比例所缴纳的养老保险费全部存入劳动者个人养老保险账户，交由某一投资基金进行管理投资以实现保值增值，等劳动者退休后由基金将投资所得的回报以年金的方式向其逐月发放的模式。

（3）部分积累制，是现收现付模式和完全积累模式两种方式的结合，即当期所收缴的养老保险费在满足一定时期支出需要的前提下又留有一定的储备的模式。

（二）课程思政设计

中国是一个拥有悠久历史的文明古国，其古代的社会保障思想就已经相当发达。中国古代的理想社会思想是中国早期社会保障思想的重要组成部分。老子、庄子提出的理想社会思想都是今天我国发展社会保障的重要思想渊源，党的十九大报告提出"幼有所育、学有所教、劳有所得、病有所医、老有所养、住有所居、弱有所扶"的民生思想，是中国古代民生思想的延续和扩展。中国古代的一系列政策措施在国家层面得到广泛应用，成为我国现阶段基本社会保障体系的重要组成部分。同时，在社会层面，安老怀少思想占据着中国古代社会保障思想中的重要地位，成为社会大众共同遵守的一种道德约束。目前，城乡基本养老保险体系、社会救助体系和制度的建立和完善，以及社会福利和友善型社会生活环境的形成，与中华传统美德如尊老爱幼、扶危济困、恤孤念寡等相呼应，得到了广泛的弘扬。社会保障学课程的内容涉及多个层面，包括中华传统文化与现代社会保障制度、法律规范与传统美德等。通过这些内容的融通，有助于帮助学生深入思考个人、家庭、社会与国家之间的关系，进一步增强文化理解和文化自信。

案例6-1　老吾老，以及人之老——中国社会养老保险的产生与发展		
教学内容	思政要素融入点	育人目标
社会养老保险	案例可以挖掘的思政点： （1）大历史观 （2）制度自信	要求学生树立大历史观，在工作和学习中满怀民族自豪感，强化制度自信

四、教学案例使用

（一）主要采用的教学方法与手段

本案例采用的教学手段主要为问题导向、实事案例分析、教师讲授及小组讨论等。

（二）教学过程的组织与实施

1. 课前学习

课前通过在线学习平台发布学习通知，以问题思考与探讨的方式提前布置学习任务与要求，让学生阅读材料并提前思考，对即将学习的内容有一定的了解和认识。

2. 课中学习

在课堂介绍完养老保险的概念之后，把案例内容展示给学生。让学生结合课前搜集的历朝历代税收史料，充分了解我国最早的养老保险雏形以及中华人民共和国成立后养老保险制度的快速发展。通过对养老保险发展历程的了解，进一步了解中华优秀历史文化，增强民族自豪感，增强制度自信。

3. 课后学习

课后要求学生结合数字案例，进一步深入了解中国养老保险制度发展，并结合已有知识进一步深入阅读学术论文和著作，在讨论课中以小组形式阐述思想，进行交流。

（三）考核与评价

本思政案例的考核与评价主要包括如下方面：

考核评价指标	考核评价内容	考核评价方式
知识	要求学生充分理解养老保险概念、特点和功能	回答问题 练习 作业 单元测试

续表

考核评价指标	考核评价内容	考核评价方式
能力	结合中国养老保险的历史演变与发展，能够初步分析养老保险制度变迁的深层次原因，更深层次地把握现代养老保险制度的特点	资料搜集 研讨 观点分享 案例分析
素质	要求学生培养大历史观，具备历史思维，在熟知养老保险的历史发展的基础上进一步了解国情，体会社会主义制度的优越性	团队讨论评测打分 小组内部评测打分 知识点讲解 作业、单元测试的完成情况
思政	从育才的角度而言，财政学课程的人才培养目标要求加强学生熟知国家历史，树立深厚的历史观。通过本案例的学习，要求未来的财经工作者们从财政职业道德的法制、诚信、客观、公正等角度提升个人修养，遵纪守法，严格要求自己	课前、课中、课后的表现 职业追求 价值取向

五、引申思考

（1）当前中国多支柱养老保险体制的短板在哪里？

（2）中国养老保险体系的构建还有哪些需要完善的地方？

六、推荐阅读文献

[1] 齐红倩，杨燕. 人口老龄化、养老保障水平与我国养老保险基金结余 [J]. 南京社会科学，2020，394(8):11-21.

[2] Yuhao Cheng. An Empirical Study on the Effects of Social Endowment insurance Reform in China[J]. Journal of Finance Research , 2019(10):8240-8501.

[3] 胡晓义. 我们为什么要搞养老保险——关于我国养老保险制度历史、现实和未来的思考 [J]. 中国社会保障，2001(12):5-8.

[4] 马兆娣，田桂香. 新中国养老保险制度的回顾与展望 [J]. 张家口职业技术

学院学报，2003(4):19-23.

[5] 米红，王胤添，李建琴 . 中国基本养老保险制度的优化方向 [J]. 社会科学战线，2023，332(2):204-217.

[6] 马嘉昕 . 我国养老保险制度的现状、问题和对策 [J]. 上海商业，2023，527(1):216-218.

案例 6-2

分散经营风险，为农业保驾护航
—— 助推乡村振兴战略

一、教学目标

（一）基本教学目标

1. 知识目标

要求学生充分理解保险这一经济范畴；掌握农业保险的概念及其功能。

2. 能力目标

结合农业保险的政策要点，能够进一步理解其对促进农业发展起到的积极作用，进而结合实际提出进一步完善的措施。

3. 素质目标

通过农业保险案例，进一步诠释中国的制度优越性并理解坚持以人民为中心的发展思想的意义。

（二）思政教学目标

让学生能够深入理解"财政是国家治理的基础和重要支柱"的科学论断，理解党中央治国理政新理念、新思想、新战略，进而更具家国情怀、肩负时代责任和历史使命。

二、案例描述

2021 年 3 月 20 日，雷嘉琪、侯云云发表的《乡村振兴背景下保险行业助力"三农"发展研究——基于福泉市"六保一投"融资新模式分析》中指出，保险作为社会的"稳定器"，是天然的扶贫工具，能够提供全面的措施应对脱贫过程中的风险。

农业保险通过分散农业生产经营风险，对损失进行经济补偿，从而实现对产业发展的风险保障作用。根据全国农业保险数据信息系统统计，2022 年我国农业保险为 1.67 亿户次农户提供了 5.46 万亿元的风险保障，农业保险在支农、惠农、富农、强农方面进一步发挥支持作用。2022 年全年农业保险保费规模达到 1192 亿元，同比增长 23%，巩固了我国农业保险保费规模全球第一的地位。其中，中央财政拨付了 434.53 亿元的农业保险保费补贴，同比增长 30.3%。

河北省阜平县走出了一条"金融扶贫、保险先行"道路。阜平模式主要内容包括：一是政府和保险公司按照 5：5 比例联合举办农业保险，为食用菌、肉牛、大枣等扶贫产业提供风险保障；二是政府出资成立惠农担保公司，为农户提供信贷担保，担保公司愿意为农户提供担保，是因为农业保险为农户生产承担了自然风险和市场风险等主要风险，农户风险程度大幅降低；三是银行凭担保公司的担保信和保险公司的农业保险保单两个文件发放贷款；四是农户获得贷款发展生产；五是县财政为农户提供贷款贴息；六是保险公司还可以直接向农户或企业以资管产品的方式提供资金支持。在农业保险的风险保障和融资增信等支持下，阜平县通过保险助推脱贫攻坚取得了显著的成效。

农业保险是农业风险管理的市场化手段，也是符合 WTO 规则的强农惠农政策。近年来，农业保险越来越成为广大农户的"定心丸"和农业生产的"稳定器"，农民的获得感显著提高。尤其是在自然灾害发生后，农业保险均发挥了助力农户恢复再生产的重要作用。

三、案例知识点分析与课程思政设计

（一）案例知识点分析

1. 保险

保险的作用十分广泛，不仅是一种稳妥可靠的保障，而且是一种规划人生财务的工具、市场经济下风险管理的基本手段，也是金融体系和社会保障体系的重要支柱。

保险行为是指投保人按照合同约定向保险人支付保险费，保险人对于合同约定的可能发生的事故因其发生所造成的财产损失承担赔偿保险金责任，或者被保险人死亡、伤残、疾病或达到合同约定的年龄、期限等条件时承担给付保险金责任的商业保险行为。

从经济角度来看，保险是一种分摊意外事故损失的财务安排；从法律角度来看，保险是一种合同行为，是一方同意补偿另一方损失的一种合同安排；从社会角度来看，保险是社会经济保障制度的重要组成部分，是社会生产和生活的"精巧稳定器"；从风险管理角度来看，保险是风险管理的一种方法。

2. 政策性保险

政策性保险是政府为了实现特定政策目标，运用商业保险的原理并给予扶持政策而设立的保险。政策性保险分为社会政策保险和经济政策保险两大类。

社会政策保险即社会保险，是国家为维护社会公平、保障民生而设立的具有一定政治意义的保险。

经济政策保险是国家从宏观经济利益出发，对关系国计民生的行业实施保护政策而设立的保险，如出口信用保险、农业保险、存款保险等。

政策性保险通常具有非营利性、政府提供补贴和免税以及法律保障等特点。

（二）课程思政设计

本案例围绕农业保险展开学习讨论。在了解农业保险基本概念的意义的基础上，充分体会财政关注民生支出，促进实现人类命运共同体形成方面做出的贡献，旨在培养学生从财政民生视角看问题，树立正确的社会主义核心价值观。

案例 6-2 分散经营风险，为农业保驾护航——助推乡村振兴战略

教学内容	思政要素融入点	育人目标
农业保险	案例可以挖掘的思政点： （1）社会主义制度的优越性 （2）以人民为中心思想	要求学生在工作和学习中满怀国家自豪感，强化文化自信

四、教学案例使用

（一）主要采用的教学方法与手段

本案例采用的教学手段主要为问题导向、实事案例分析、教师讲授及小组讨论等。

（二）教学过程的组织与实施

1. 课前学习

课前通过在线学习平台发布学习通知，以问题思考与探讨的方式提前布置学习任务与要求，让学生阅读材料并提前思考，对即将学习的内容有一定的了解和认识。

2. 课中学习

在课堂介绍完政策性保险的概念之后，把案例内容展示给学生。让学生结合史料，充分了解农业保险对确保农业生产、实现乡村振兴方面发挥的积极作用，进而对中国的制度优越性和以人民为中心的发展思想有更深入的理解，增强民族自豪感。

3. 课后学习

课后要求学生结合数字案例，进一步深入了解农业保险，并结合已有知识进一步深入阅读学术论文和著作，在讨论课中以小组形式阐述思想，进行交流。

（三）考核与评价

本思政案例的考核与评价主要包括如下方面：

考核评价指标	考核评价内容	考核评价方式
知识	要求学生充分理解保险这一经济范畴的概念、作用，同时对政策性保险的积极意义有深入了解	回答问题 练习 作业 单元测试
能力	结合政策性保险的基本情况，能够初步分析各类政策性保险实施的深层次原因，更深层次地把握政策性保险的特点	资料搜集 研讨 观点分享 案例分析
素质	让学生能够深入理解"财政是国家治理的基础和重要支柱"的科学论断，理解党中央治国理政新理念新思想新战略，进而更具家国情怀、肩负时代责任和历史使命	团队讨论评测打分 小组内部评测打分 知识点讲解 作业、单元测试的完成情况
思政	通过了解农业保险基本概念的意义的基础上，充分体会财政在关注民生支出，促进实现人类命运共同体形成方面做出的贡献，旨在培养学生的财政民生视角，树立正确的社会主义核心价值观	课前、课中、课后的表现 职业追求 价值取向

五、引申思考

（1）如何提高农业保险中农户参与的积极性，同时提高农业保险定价的合理性？

（2）中国农业保险模式还有哪些需要完善的地方？

六、推荐阅读文献

[1] 雷嘉琪，侯云云.乡村振兴背景下保险行业助力"三农"发展研究——基于福泉市"六保一投"融资新模式分析 [J].农村经济与科技，2021，32(5):119-120.

[2] 丁惠敏.保险行业发展影响因素实证分析 [J].合作经济与科技，2022，672(1):61-63.

[3] 瞿珲 . 农业保险支持山区乡村振兴的路径研究——以 ES 为例 [J]. 中国集体经济，2023，731(3):16–19.

[4] 戴婷 . 我国保险行业发展的地区差异分析 [J]. 保险职业学院学报，2019，33(4):14–19.

[5] 周四娟，董欣妍，原彰 . 新《健康保险管理办法》对我国健康保险行业发展的影响和启示 [J]. 现代商业，2021，607(18):38–40.

[6] 张珂 . 公共财政与经济可持续发展的关联探索分析 [J]. 商展经济，2022，70(24):112–114.

[7] 段春景 . 公共财政支出预算编制与执行管理探究 [J]. 财会学习，2022，343(26):72–74.

税收

本章案例思维导图

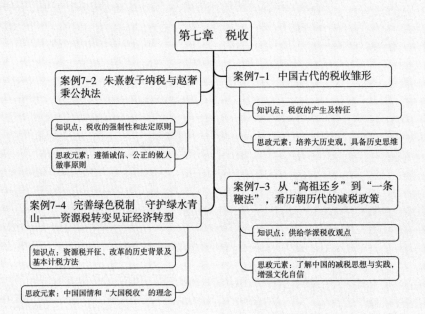

第七章　税收

案例7-2　朱熹教子纳税与赵奢秉公执法

知识点：税收的强制性和法定原则

思政元素：遵循诚信、公正的做人做事原则

案例7-4　完善绿色税制　守护绿水青山——资源税转变见证经济转型

知识点：资源税开征、改革的历史背景及基本计税方法

思政元素：中国国情和"大国税收"的理念

案例7-1　中国古代的税收雏形

知识点：税收的产生及特征

思政元素：培养大历史观，具备历史思维

案例7-3　从"高祖还乡"到"一条鞭法"，看历朝历代的减税政策

知识点：供给学派税收观点

思政元素：了解中国的减税思想与实践，增强文化自信

中国古代的税收雏形

一、教学目标

（一）基本教学目标

1. 知识目标

要求学生充分理解税收是一个历史范畴；掌握税收是如何伴随国家的产生而产生的，在不同的社会背景和生产关系下税收表现为什么特征；了解中国最早的税收雏形。

2. 能力目标

结合税收的历史演变与发展，能够初步分析不同历史背景下采取不同税种的深层次原因，更深层次地把握现代税收制度的特点。

3. 素质目标

要求学生培养大历史观，具备历史思维，在熟知税收的历史发展历程的基础上进一步了解国情。

（二）思政教学目标

从育才的角度而言，财政学课程的人才培养目标要求加强学生熟知国家历史，树立深厚的历史观。通过本案例的学习，要求未来的财经工作者们从财政职业道德的法制、诚信、客观、公正等角度提升个人修养，遵纪守法，严格要求自己。

二、案例描述

税收是一个历史范畴，不同的学科从不同的视角对这一范畴进行了多角度的研究。财政学家们把税收看成财政收入的一种形式；经济学家们把税收看作一种资源配置手段；政治学家们认为税收是国家存在在经济领域的体现；社会学家把税收定义为纳税人对社会的应尽义务。

纵观中华民族几千年的历史长河，税收伴随着三次社会大分工，即生产力的发展、私有制的出现、国家的产生而形成，并一直不断发展。史书记载的中国税收雏形就是夏、商、周时代的贡、助、彻。在《孟子·腾文公上》中有记载："夏后氏五十而贡，殷人七十而助，周人百亩而彻，其实皆什一也。"这里的贡、助、彻就是税收最原始的雏形。那么，什么是贡、助、彻？

舜帝时期开始，就要求臣服的部落和被保护的小部落贡献一定的财物，部落内部的人也要缴纳土地出产物。后来，大禹实行了"任土作贡，分田定赋，什一而税"制度。《尚书·禹贡》对这一制度形式进行了详细的描述。在这一制度中，按距离王城的远近将各地诸侯的土地划分为"甸、侯、绥、要、荒"五服，即距王城五百里以内的属甸服，甸服以外五百里属侯服，依此类推。五服制度划分的主要目的是以此为依据，由奴隶主按不同的要求向奴隶征收实物、劳役、军役等财赋。这一描述反映了夏朝的"贡"实际上已经是一种凭借公共权力征收土地出产物的税收形式，即按照土地及产量课征的实物税。"贡"具备了税的核心特征和主要手段，既具有无偿征收的特点，也具有强制性，是中国土地税征收的先河，也是中国税收的雏形。夏朝的"贡法"是有历史记载的中国最早的税收制度，这一税收制度对维护国家的统治、推动社会发展，甚至对于税收制度后续的发展和完善都有极其重要的意义。

商朝尽管在政治和文化等方面沿袭了夏朝的制度，但在土地制度和税收制度方面有了新的发展，其中最具里程碑意义的就是实行"井田制"。"井田制"顾名思义就是把土地依"井"字划分为九个区域，最中间的一个区域就是公田，收益全部归奴隶主和国家所有，但是由所有农民共同无报酬耕种；旁边的八个区域被叫作私田，分别被分给八户农民耕种，满足他们养家糊口的需要。井田制是一种理想化的经济组织和税收制度，其实施就是要臣民福利均等、分配平等、赋税平均。在井田制中，农民不直接缴纳实物税赋，而是通过义务劳动的方式"徭役"助耕，所以被称之为"助"。"殷人七十而助……助者借也"，即借八家民力，助耕公田，而不税私田。"助"是统治者在固有土地的基础上，通过分田制禄，以农民无偿提供劳役的方式解决公共支出，改变了原来单纯地租的方式，是商朝的重要税收制度。

西周是我国历史上第三个奴隶制王朝，相较于前两个王朝，周朝的各种法令、制度已逐渐明确，国家机构、行政区域等更加健全。周朝开始实行田赋制的税收法制，又被叫作"彻"，这是在贡、助基础上发展演变来的一种以实物形式上缴的土地税（见表7-1、表7-2）。"彻"法将纳税人分成六类，分别征收不同的赋税，税率按照课税对象的不同可以分成十种税率。

表7-1　西周时期"彻"的纳税人

序号	税种	纳税人
1	邦中之赋	城郭内的奴隶
2	四郊之赋	距王城百里之内的奴隶
3	邦甸之赋	距王城二百里之内的奴隶
4	家之赋	距王城三百里之内的奴隶
5	邦县之赋	距王城四百里之内的奴隶
6	邦都之赋	距王城四百里至五百里之内的奴隶

资料来源：笔者根据历史资料整理。

表7-2　西周时期"彻"的税率

序号	课税对象	税率
1	园地、场圃	二十而一
2	园中之地	二十而一
3	近郊之地、宅田	十课以一
4	士田、贾田、远郊之地、官田	二十而三
5	牛田、赏田、牧田、甸地、古邑之田	十课二以下
6	稍地、家邑之田	十课二以下
7	县地、小都之田	十课二以下
8	疆地、大都之田	十课二以下
9	漆林之征	二十而五
10	国宅不征	零

资料来源：笔者根据历史资料整理。

西周时期税收制度的完善还表现在除了"彻"之外，为进一步增加国家收入，还开征了现代工商税的雏形即"关市之赋""山泽之赋""币余之赋"等（见表7-3）。

表 7-3　西周时期的其他赋税形式

赋税名称	征收范围
关市之赋	对通过边境的"关"和国内的市的货物征税
山泽之赋	对山里林产和川泽的渔民的林副产品和渔产品课税
币余之赋	不属于以上的各类情况的其他赋税

资料来源：笔者根据历史资料整理。

　　周朝还有战争时期开征的临时性税收，如军赋，主要是为狩猎与追讨寇贼所收的贡品，征用对象为一户一个劳动，一般情况下一年不少于三天。公元前 594 年，即鲁宣公十五年开始实行"初税亩"，对私田按亩征税，正式确立起了以私有制为基础的，完全意义上的税收制度。

　　世界各国的税收大都经历了一个由自愿贡纳到强制课征，再到立宪征收的逐渐演化过程。从夏商周以后，历朝历代都在重复相似的税收故事。新的朝代开始时，皇帝们都很注意休养生息，轻徭薄赋；到了统治后期，苛捐杂税让民众忍无可忍，揭竿起义，新的朝代由此诞生。税收史其实不仅是税收发展自身的历史，也是国家的历史，了解税收史可以让我们从另一个角度见证历史、感受历史，从而进一步体会和感受国家和时代的进步[①]。

三、案例知识点分析与课程思政设计

（一）案例知识点分析

1. 税收

　　税收是国家财政收入的重要来源，是国家凭借政治权利参与社会产品分配的一种形式。税收是一个经济范畴也是一个古老的历史范畴。可以从以下四个方面正确理解税收分配范畴的含义：

　　第一，分配主体。税收的分配主体是且只能是国家。税收是伴随着国家的产生而产生的，国家产生之后，为了满足社会的公共需要，就需要参与一部分剩余

---

　　① 刘洋．税收史话与趣闻 [EB/OL]．百度文库，（2005-08-12）．https://wenku.baidu.com/view/9bffba26 b84ae45c3a358c34.html.

产品的分配，因此形成了以国家为主体的分配关系。

第二，分配对象。税收的分配对象是国民收入中的剩余产品，税收参与这部分剩余产品的分配，用以满足社会公共需要。所以，剩余产品是否存在以及数量多少决定着税收分配的范围和规模。如果没有剩余产品，那么税收也就会失去了存在的物质条件和基础。现代生活中税收参与分配的剩余产品主要以课税对象的方式存在，其形式多种多样，既包括销售收入、企业利润、个人收入，也包括交易行为和财产继承等。

第三，分配依据。国家在社会再生产中不可避免地需要履行各种社会职能，并依据参与社会职能的程度参与剩余产品的分配。一般来说，国家执行的社会职能越多，就需要参与更多比重的剩余产品分配，反之亦然。随着生产社会化程度的提高，国家履行的社会职能范围也在不断扩大，需要满足的社会公共需要、提供的公共产品和服务也越来越多，这些产品和服务包括维护社会稳定、国家安全、提供基础设施、管理经济活动等。

第四，分配形式。税收分配的形式是随着时代变迁而不断变化的，一般由国家以法律法规的形式加以确定。在不同的社会经济条件下，税收分配的形式是有较大区别的，它使税收分配具有严格的标准性，并与国家最初以社会职能为依据的其他分配形式区别开来。税收的分配形式最终形成一个国家的税收制度。税收要素包括征纳税人、课税对象、计税依据、税率、税收罚则等。税收要素的有机结合构成了不同的税种，同类的税种集合在一起逐步形成税系，各税系在社会再生产中的分布及其相对地位形成一个国家的税制结构。

2. 税收产生的条件

税收作为国家参与社会产品分配的主要形式，大致是在奴隶社会向封建社会转变时期产生的。为什么税收并不在原始社会产生？税收产生需要具备的社会条件是什么？一般说来，税收产生需要具备的社会条件包括以下四个方面：第一，土地私有制逐渐代替国有制，使国家难以靠国有土地的产出来满足行使职能的物质需要，只能采取税收形式参与私有经济或非国有经济的收入分配。第二，生产力的发展使剩余产品成为普遍现象，为国家征税提供经济基础。第三，国家机构日趋完备，为国家能够组织较大规模的征税活动提供机构保障。第四，商品交换的日益繁荣，使税收分配的形式更加多样化。

世界各国的税收从产生到逐步完善，都有一定的规律性。从税收发展的历史看，最初的税收形式都是贡赋和劳役，如中世纪都以土地税、人头税为主，辅以财产税；随着商品经济的开展，税收开始转向以产品税、消费税为主，辅以其他税；进入现代社会，资本主义国家发展到以所得税为主，辅以其他税。

（二）课程思政设计

从育人的角度而言，历史是人类最好的老师。"欲知大道，必先为史"，重视历史、研究历史、借鉴历史是中华民族几千年文明史的优良传统。本案例围绕税收这一历史范畴的最初雏形及演变发展展开学习讨论。在掌握基本概念理论的基础上，要求未来的财经工作者们深入了解历史，增强文化自信，从历史中汲取营养和经验，警示自身的行为，做社会主义的合格建设者和接班人。

案例 7-1　中国古代的税收雏形

教学内容	思政要素融入点	育人目标
税收作为一个历史范畴其产生与发展	案例可以挖掘的思政点： （1）大历史观 （2）历史文化自信	要求学生树立税收大历史观，在工作和学习中满怀民族自豪感，强化文化自信

四、教学案例使用

（一）主要采用的教学方法与手段

本次案例采用的教学手段主要为问题导向、实事案例分析、教师讲授及小组讨论等。

（二）教学过程的组织与实施

1. 课前学习

课前通过在线学习平台发布学习通知，以问题思考与探讨的方式提前布置学习任务与要求，让学生阅读材料并提前思考，对即将学习的内容有一定的了解和认识。

2. 课中学习

在课堂介绍完税收的概念之后，把案例内容展示给学生。让学生结合课前搜集的历朝历代税收史料，充分了解最早的税收雏形以及税收的演变发展，进而对税收是一个历史范畴有更深入的理解。同时通过对税收史的了解，进一步了解中华优秀历史文化，增强民族自豪感，增强文化自信。

3. 课后学习

课后要求学生结合数字案例，进一步深入了解中国税收史，并结合已有知识进一步深入阅读学术论文和著作，在讨论课中以小组形式阐述思想，进行交流。

（三）考核与评价

本思政案例的考核与评价主要包括如下方面：

考核评价指标	考核评价内容	考核评价方式
知识	要求学生在回顾税收概念的基础上，充分理解税收是一个历史范畴的论述	回答问题 练习 作业 单元测试
能力	结合税收的历史演变与发展，能够初步分析不同历史背景下采取不同税种的深层次原因，更深层次地把握现代税收制度的特点	资料搜集 研讨 观点分享 案例分析
素质	要求学生培养大历史观，具备历史思维，在熟知税收的历史发展的基础上更进一步地了解国情	团队讨论评测打分 小组内部评测打分 知识点讲解 作业、单元测试的完成情况
思政	要求加强学生熟知国家历史，树立深厚的历史观；通过本案例的学习，要求未来的财经工作者们从财政职业道德的法制、诚信、客观、公正等角度提升自身的个人修养，遵纪守法，严格要求自己	课前、课中、课后的表现 职业追求 价值取向

五、引申思考

（1）你还了解什么重大的税收历史事件？

（2）中国现代税收体系的构建还有哪些需要完善的地方？

六、推荐阅读文献

[1] 朱英 . 近代税收史研究中的"税"与"政"[J]. 华中师范大学学报（人文社会科学版），2018(2):128-129.

[2] 曹瑞冬 . 民国工商税收史研究之整体性刍论 [J]. 中国社会经济史研究，2022(2):68-86.

[3] 衣抚生 . 孟子的税收思想与实践 [J]. 人文天下，2020(21):43-47.

[4] 陈明光，何世鼎，毛蕾 . 中国古代财税史的概念与史实探讨 [J]. 厦门大学学报（哲学社会科学版），2019（2）126-132.

[5] 赵梦涵 . 新中国财政税收史论纲 [M]. 北京：经济科学出版社，2002.

案例 7-2

朱熹教子纳税与赵奢秉公执法

一、教学目标

（一）基本教学目标

1. 知识目标

要求学生在回顾税收基本概念和特点的基础上，理解和掌握税收的强制性和法定原则。

2. 能力目标

在理解税收概念和特点的基础上，结合历史任务和历史故事，具备分析政府为什么要依法征税、纳税人为什么要依法纳税的能力，进而能够分析说明其背后的深层次背景和原因，以及理解税收法定的原则。

3. 素质目标

要求学生树立税收法治思想，遵守税收法制制度，在工作和学习中遵循诚信、公正的做人做事原则，做一名合格的社会主义事业建设者和接班人。

（二）思政教学目标

从育才的角度来说，财政学课程的人才培养目标一方面要求学生熟知国家历史，树立深厚的历史观；另一方面要求学生熟知财经法律，遵纪守法。通过本案例的学习，要求未来的财经工作者们从财政职业道德的法制、诚信、客观、公正等角度提升个人修养，遵纪守法，严格律己。

二、案例描述

税收是伴随国家的产生而产生的，并且随着经济的发展而不断演变。税收和国家一样，是个历史范畴，存在于社会发展的一定阶段。从我国最早的奴隶制王朝夏朝开始，就有了税收的雏形，距今已有4000多年的历史。在漫长的税收历史长河中，流传着很多关于诚信纳税、依法纳税的故事。

材料一：朱熹教子纳税[①]

朱熹是我国南宋时期著名的哲学家、文学家和教育家。朱熹一生著述甚多，最为著名的有《四书章句集注》《楚辞集注》和《朱子家训》等。朱熹以"穷理、正心、修己、治人"为根本，从为人要"勤、谨"二字着眼，告诫孩子要勤学、勤问、勤思、谨起居、谨言谈、谨交游，敦厚忠信，见善思齐等。

朱熹在《朱子家训》中写道："国课早完，虽囊空虚，独有余庆。"翻译成现代汉语就是，朱熹教育自己的孩子必须按照国家规定的税法，及时足额地将所纳的税款缴入国库，不应拖欠国家税款一分一厘；即便自己因此而经济拮据，却可以心安理得，内心由衷地感到欣慰，因为自己尽了一个纳税人应该尽的义务。通过朴素的话语和真挚的情感，朱熹告诫子女要遵纪守法、依法纳税。

这种良好的家风传承也影响了更多的人。当时的徽州名门望族都不约而同将"国课早完、早纳钱粮"列为重要族训家训之一，以警示族人不忘族规，不忘祖训，昭示后人，共同遵守。

《休宁林塘范氏宗谱》由明代范淶编修，其中记载着"赋税力役之征，国家法度所系。拖欠钱粮，躲避差徭，便是不良的百姓。不欠官钱，何等自在，亦良民职分所当尽责"。族规家训中融入了朴素的法治思想，希望通过族规家训建立读律例、戒争讼、求安定的社会秩序，告诫族人奉公守法，让族人少犯过失。

《茗洲吴氏家典》的家规中写道："朝适国课，小民输纳，分所当然。凡众户己户，每年正供杂项，当预为筹画，及时上官，毋作顽民，致取追呼。亦不得故意拖延，希冀朝适蠲（juān）免意外之恩。"意思就是，要求族人按时缴纳赋税，

[①] 历代名人税收故事 [EB/OL]. 百度文库，https://wenku.baidu.com/view/89edd060fd4733687e21af45b307e87100f6f870.html.

不能偷税漏税，以免触犯法律，并告诫族人不得心存官府免除赋税之类的侥幸心理。

从以上的祖训和家典中可以看出，明清时期徽州宗族社会将诚信纳税列入宗族子孙必须遵守的行为规范和道德准则。违反诚信纳税的原则不仅会受到官府的惩戒，还要受到宗族的惩戒。这种"诚信纳税"家训显示出鲜明的宗族观、理学观、家国观、义利观、法治观。

材料二：赵奢秉公执法

《资治通鉴·周纪五》，第 5 卷中记载了这样一个故事：

> 赵田部吏赵奢收租税，平原君家不肯出；赵奢以法治之，杀平原君用事者九人。
>
> 平原君怒，将杀之。
>
> 赵奢曰："君于赵为贵公子，今纵君家而不奉公则法削，法削则国弱，国弱则诸侯加兵，是无赵也。君安得有此富乎！以君之贵，奉公如法则上下平，上下平则国强，国强则赵固，而君为贵戚，岂轻于天下邪！"
>
> 平原君以为贤，言之于王。
>
> 王使治国赋，国赋太平，民富而府库实。

这个故事说的是公元前 271 年，由赵奢担任赵国负责征收土地税的税官。赵王的弟弟平原君手底下的管事倚仗平原君的权势无视法律，不仅拒绝依法缴纳土地税，还将前去收税的税务官打伤。赵奢听闻此事，为了维护税法的尊严，冒着被杀、罢官的危险，依据当时的法律，果断地处死了这九个人。平原君知道这个消息非常生气，觉得自己被轻视，很没有面子，于是扬言要杀死赵奢。赵奢知道这个事情后，镇定自如地对平原君说："你在赵国身居高位，人人敬重。如果你藐视税法纵容自己的家奴偷税漏税，那么国家的法律力量就会被削弱；如果国家的法律力量被削弱了，那么国家的实力就会被削弱；国家的实力如果被削弱了，那么周边的其他国家就会虎视眈眈，趁机侵犯我国。到那时，赵国灭国了，你有什么富贵荣华可言。以你所处的地位，如果能奉公守法做好表率，上下齐心就能团结一致，国家逐渐强大，政权才能稳定。到时候你作为赵国的权贵天下人谁敢轻视于你呢？"

平原君被赵奢这一番大义凛然的话深深感动，顿时怒气烟消云散。同时平原君认为赵奢这个人依法秉公治税很贤能，就将这件事情汇报给赵王。赵王让赵奢负责管理国家税收，在他的治理下，赵国税收制度平稳运行，很快实现了赵国国殷民富的目标。赵国也逐渐成为春秋战国时期的七雄之一。

三、案例知识点分析与课程思政设计

（一）案例知识点分析

1. 税收

税收是国家为满足社会公共需要，凭借公共权力，按照法律所规定的标准和程序，参与国民收入分配，强制地、无偿地取得财政收入的一种方式。马克思指出："赋税是政府机关的经济基础，而不是其他任何东西。"在马克思的论述中，着重突出了税收的强制性特点，是政府赖以存在的物质基础。19世纪美国法官霍尔姆斯说："税收是我们为文明社会付出的代价。"这一描述则着重体现了政府征税与纳税人纳税之间权利和义务的对等关系。政府向纳税人征收税款就有义务向纳税人提供公共产品和服务；反过来说，纳税人缴纳了税款就有从政府手中获得公共产品和服务的权利。

政府参与社会产品分配的方式有很多，但只有税收具有强制性、无偿性和固定性的特征，习惯上称为税收的"三性"。

税收的强制性是国家凭借政治权力，以社会管理者的身份，通过颁布法律或政令强制征收。在国家税法规定的限度内，纳税人不管是否出于自愿，都必须及时足额依法纳税，否则就要受到法律的制裁。税收的强制性一方面表明税收分配关系的建立具有强制性；另一方面表明税收的征收过程具有强制性，即如果出现了纳税人违反税收法律的行为，就必须接受法律的处罚。强制性是实现税收征收的强有力保证。

税收的无偿性是指社会成员的一部分以税收形式转归国家所有，国家并不直接向纳税人支付任何报酬。税收的无偿性也表现在两个方面：一方面是指政府征税后无须直接向纳税人支付任何报酬；另一方面是政府征税取得的收入不会直接返还给纳税人。税收无偿性反映的是社会产品所有权、支配权的单方面转移，是税收的本质体现。

税收的固定性是指税收按照国家法律进行征收，一旦确定，不能随意更改。即税收法律预先规定纳税人、课税对象、税率、计税依据和纳税期限等，征纳双方都共同遵守，在国家法令修订或调整前，征纳双方都不得违背或改变这个固定的比例或数额以及其他制度规定。这就确保了税收收入作为重要财政收入的稳定性和连续性。

2. 税收遵从

税收遵从是指纳税义务人遵照税收法令及税收政策，依法依规计算缴纳各项税收，同时服从税务部门及执法人员的管理行为。《2002—2006 年中国税收征收管理战略规划纲要》中首次提到税收遵从这一范畴，简单来说就是指纳税人依照税收法律规范的规定履行纳税义务。美国科学院将税收遵从定义为纳税人依照纳税申报时的税法、规范性文件、议会决定的相关税收规定，及时填报纳税申报表，准确计算并履行申报纳税义务。税收遵从包含三个基本要求，即及时申报、准确申报、按时缴款。

（二）课程思政设计

从育人的角度而言，历史是最好的老师。"欲知大道，必先为史"，重视历史、研究历史、借鉴历史是中华民族几千年文明史的优良传统。本案例按税收的基本特性展开学习讨论。让学生在掌握基本概念理论的基础上，要求未来的财经工作者们从财政职业道德的法制、诚信、客观、公正等角度提升个人修养，遵纪守法，严格要求自己。

案例 7-2 朱熹教子纳税与赵奢秉公执法		
教学内容	思政要素融入点	育人目标
税收的概念与特点 税收法定原则	案例可以挖掘的思政点： （1）遵纪守法 （2）自觉履行公民的纳税义务	要求学生树立税收法治思想，遵守税收法制，在工作和学习中遵循诚信、公正的做人做事原则，做一名合格的社会主义事业建设者和接班人

四、教学案例使用

（一）主要采用的教学方法与手段

本案例采用的教学手段主要为问题导向、实事案例分析、教师讲授及小组讨论等。

（二）教学过程的组织与实施

1. 课前学习

课前通过在线学习平台发布学习通知，以问题思考与探讨的方式提前布置学习任务与要求，让学生阅读材料并提前思考，对即将学习的内容有一定的了解和认识。

2. 课中学习

课堂讲完税收的概念和特点后，把案例内容展示给学生，让学生体会税收的法定原则。同时，让学生相互交流对税收法定、依法纳税的想法和感悟，从而树立正确的世界观、人生观和价值观。

3. 课后学习

课后要求学生结合数字案例，进一步深入体会税收法定原则，并结合已有知识进一步深入阅读学术论文和著作，从专业角度剖析税收遵从问题，在讨论课中以小组形式阐述思想，进行交流。

（三）考核与评价

本思政案例的考核与评价主要包括如下方面：

考核评价指标	考核评价内容	考核评价方式
知识	要求学生在回顾税收基本概念和特点的基础上，理解和掌握税收的强制性和法定原则	回答问题 练习 作业 单元测试
能力	在理解税收概念和特点的基础上，结合历史任务和历史故事，具备分析政府为什么要依法征税、纳税人为什么要依法纳税的能力，进而能够分析说明背后的深层次背景及原因，更深层次地理解税收法定的原则	资料搜集 研讨 观点分享 案例分析

续表

考核评价指标	考核评价内容	考核评价方式
素质	要求学生树立税收法治思想，遵守税收法制，在工作和学习中遵循诚信、公正的做人做事原则，做一名合格的社会主义事业建设者和接班人	团队讨论评测打分 小组内部评测打分 知识点讲解 作业、单元测试的完成情况
思政	一方面要求学生熟知国家历史，树立深厚的历史观；另一方面要求学生熟知财经法律，遵纪守法。通过本案例的学习，要求未来的财经工作者们从财政职业道德的法制、诚信、客观、公正等角度提升个人修养，遵纪守法，严格要求自己	课前、课中、课后的表现 职业追求 价值取向

五、引申思考

（1）你是如何看待纳税意识的？如何在全社会形成自觉纳税的意识？

（2）如果你是赵奢，得到赵王重用后你会制定什么样的税收政策来维护税收的权威性？

六、推荐阅读文献

[1] 高军，白林. 税收法定原则与我国税收法治 [J]. 理论与改革，2010(5):116–120.

[2] 覃有土，刘乃忠，李刚. 论税收法定主义 [J]. 现代法学，2000(3):37–39.

[3] 陈国文，孙伯龙. 税收法定原则：英国 19 世纪的演进及启示 [J]. 兰州大学学报（社会科学版），2015(6):124–130.

[4] 刘成奎，李纪元. 直接税比重、税务检查与税收遵从度 [J]. 当代经济研究，2014(10):87–92.

[5] 张全明. 古代防治匿税的举措、成效及其启示 [J]. 人民论坛，2022(8):126–128.

[6] 翁武耀，刘浪. 论我国税务行政处罚减免制度的完善——以逃税等不缴、少缴税款违法行为为视角 [J]. 税务研究，2020(8):73–78.

案例 7-3

从"高祖还乡"到"一条鞭法"，看历朝历代的减税政策

一、教学目标

（一）基本教学目标

1. 知识目标

要求学生进一步学习税收与经济增长之间的关系，在学习供给学派税收观点的同时，理解并掌握减税与经济之间的关系。

2. 能力目标

在掌握供给学派的减税思想基础上，能够结合历史事件来进一步分析执政者为什么要减税，减税带来的结果是什么，同时对当前中国采取的减税降费政策有更进一步的了解。

3. 素质目标

中华文明有着上下五千年的历史，历史事件中蕴藏着中华民族独有的经验和智慧，我们新一代的财经人一定要了解财政税收史，并善于从财政税收史中汲取营养、吸取经验，从而更好地指导实践。

（二）思政教学目标

历史是前人的实践和智慧之书，学习历史可以为治国理政提供有益启示。2019 年，美国经济学家阿瑟·拉弗博士被授予美国最高平民荣誉奖章"总统自由勋章"，这使他提出的著名经济学理论"拉弗曲线"再次引起广泛讨论。但减

税思想绝不是起源于拉弗，我国从古至今都有很多减税的思想和实践。通过本案例的学习，让学生简单了解中国的减税思想与实践，进一步增强文化自信。

二、案例描述

材料一：高祖还乡

《哨遍·高祖还乡》是元曲中的一篇讽刺经典，以极其荒诞的描写，讽刺刘邦当皇帝后在故乡耀武扬威，最后被乡人嬉骂、揭穿曾经赖账不还的老底。

历史上汉高祖确实回过故乡沛县。汉高祖十二年（公元前 195 年），时年 62 岁的刘邦平定英布之乱，率军北归时经过沛县。刘邦与故乡父老宴饮十余日，并吟唱了著名的《大风歌》。不过与《哨遍·高祖还乡》的描写截然不同的是，刘邦在乡亲父老面前并没有耀武扬威，反而给予乡亲极大的恩赏。

刘邦临别故乡之际，宣布"朕自沛公以诛暴逆，遂有天下，其以沛为朕汤沐邑，复其民，世世无有所与"（《史记·高祖本纪》）。所谓"复"，就是免除赋税和徭役。农业社会条件下，赋、税、役是农民非常沉重的负担，可以想见，沛县、丰县的老百姓对刘邦有多么感恩戴德。

减免赋税并不是刘邦一时的心血来潮，而是汉朝国家政策中很重要的一部分。据《文献通考》载，汉朝目睹秦始皇以来的横征暴敛、百姓无以为生，一直奉行轻徭薄赋的国策。汉高祖时"约法省禁，轻田租，什五而税一"，西周至春秋战国一直实行"什一税"，按照现在的比例税来看就是征收十分之一（10%）的税，这在当时就已经被称为仁政。秦始皇时代一度实行"收泰半之赋"（《汉书·食货志》），高税赋将老百姓逼得没有活路，只好造反。所以汉高祖实施的"什五而税一"的税率相当低。

汉高祖时代吸取前朝的经验教训，实行了与民休息的减税政策，汉惠帝、汉文帝、汉景帝都继承了这一政策思想。汉文帝觉得制度化的"什五税一"、甚至"三十税一"都不够解渴，于是采纳了晁错的建议，规定如果"（粟）足支一岁以上，可时赦，勿收农民租"（《汉书·食货志》），意思是国家有一年的余粮了，百姓便可以不交赋税。汉文帝十二年（公元前 168 年），免了天下一半田租，次年更是大笔一挥、全年免除。《通典·田赋上》记载,景帝时代田租也一直保持在"三十税一",在一定程度上也为实现"文景之治"奠定了政策基础,使之成为古代盛世的样板。轻徭薄赋也慢慢成为历代政治清明的"标配"。

材料二:一条鞭法的实施[①]

公元 1581 年,张居正正式出任内阁首辅。上任后他推行的一项政策被后人称为"一条鞭法",主要内容就是把赋税和徭役合二为一,以货币的形式缴纳。实施这一政策的背景在于当时的国库非常紧张,对许多官员都发不出饷钱,面对这一窘境,张居正决定实行"一条鞭法"。

把老百姓的赋税和徭役合并起来,以货币形式上交,这样做不仅简化了税收环节,还明确了税收种类,让老百姓明白自己钱花在哪里,有效减少了人口流动问题,同时也填饱了国库银两。

"一条鞭法"虽然得到了皇帝及群臣的一致赞同,可是它编制的过程却极其艰难。一开始"一条鞭法"在各州县都实行过,但当时因为受到官员势力倾轧、政策执行不到位、思想不统一等因素的影响,并没有起到很显著的作用,前期的"一条鞭法"实施效果并不好。但在浙江,时任浙江巡抚的庞尚鹏却把"一条鞭法"做得颇有成效,当地百姓的赋税减轻了很多。好景不长,庞尚鹏遭人陷害,"一条鞭法"也就没能延续下去。

随着张居正对内阁影响日益加深,逐渐扫除了一条鞭法的政治障碍。张居正委任庞尚鹏在福建继续推行一条鞭法,以解决福建因为连年与倭寇交兵、遭受战争的折磨,财政收入困难的问题。经过两年的时间,福建的财政收入比之前相比有了明显的进步,"一条鞭法"也逐渐在江西和浙江推广开来。到了公元 1581 年,全国大部分地区都已经实行"一条鞭法"。

慢慢地,实行"一条鞭法"带来的好处逐步显现,各地区的财政收入都大幅度提升,老百姓再也不用在农忙时去徭役了,当地政府也没有任何名义去搜刮百姓的血汗钱。张居正的改革不仅填饱了国库,也为百姓减轻负担,更治理了贪官,可谓是一举三得。

---

① 明代御史傅汉臣与"一条鞭法"[EB/OL]. 青岛市情网,(2018-04-20). http://qdsq.qingdao.gov.cn/szfz_86/qdsj_86/2018nd1q2018n3y_86/dcrw_86/202204/t20220414_5500 596.shtml.

三、案例知识点分析与课程思政设计

（一）案例知识点分析

拉弗曲线的提出者是美国经济学家、供给学派著名代表人物阿瑟·拉弗。拉弗曲线描绘的是政府税收收入与税率之间的关系（见图7-1）。在拉弗曲线中，政府税收收入与税率之间的函数关系可以表示为抛物线OAB，当税率在一定的范围内变动，税率提高能增加税收收入。当税率到达C点时，尽管税率并非最高但此时税收收入最多。税率一旦高于C点税率继续提高，税收收入不但不会随着税率的提高而增加反而会减少。当税率到达最高点B时，政府的税收收入为零。因此，图中阴影部分被视为"税收禁区"。产生这一现象的原因在于，较高的税率抑制了经济的增长，使税基减小，税收收入下降；反之，减税刺激经济增长，扩大税基，税收收入增加。

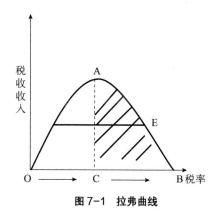

图7-1 拉弗曲线

拉弗曲线形象地告诉我们，税率高并不意味着政府获得的实际税收收入多。税率过高，严重抑制了人们的投资、劳动积极性，抑制了经济活力，最终的结果反而收不上税。只有将税率设计在一个最优值时，政府获得的实际税收才是最高的。

拉弗曲线讨论的减税问题非常古老，在中国古代典籍中多有类似阐述。中国古典名著《管子》中强调"取民有度"，其实就是要求在治国安邦中要制定适当的税收标准。《史记》中司马迁提出了"善因论"的税收思想，即对于普通百姓的经济活动，政府的政策"善者因之，其次利道（导）之，其次教诲之，其次整齐之，最下者与之争"。这里说的就是国家政策要顺应生产、贸易等经济活动的自然规律，不要横加干预，一些方面可以适当诱导和教化，鼓励或告诫应该或不应该参与哪些经济活动，必要时进行调节和限制，"与民争利"并不可取。司马迁还认为，农工商等经济活动是"衣食之源"，鼓励人们从事这些活动，就扩大了衣食之源，"上则富国，下则富家"，最终实现国富民强。但是如果过多地去限制或阻碍人们的经济行为，衣食之源就会萎缩，既不富国也不利家。这里所说的其实就是朴素的减税思想，即通过税收优惠政策，改善投资环境，吸引社会投资，扩大税基，增加税源，增强政府的财力，加快经济发展。

（二）课程思政设计

通过本案例的学习，让学生结合历史上的减税思想与实践，充分体会中华民族五千年历史文明的博大精深，进一步增强民族和文化自信；同时结合历史事件回归现实，感悟当前我们国家采取的减税降费政策其真实的用意，那就是让利于民。

案例7-3　从"高祖还乡"到"一条鞭法"，看历朝历代的减税政策

教学内容	思政要素融入点	育人目标
税收与经济的关系；拉弗曲线	案例可以挖掘的思政点：（1）中华民族五千年的历史文明（2）国家治理中"不与民争利""藏富于民"的智慧	中华文明有着上下五千年的历史，历史事件中蕴藏着中华民族独有的经验和智慧，我们新一代的财经人一定要了解财政税收史，并善于从财政税收史中汲取营养、吸取经验，从而更好地指导实践

四、教学案例使用

（一）主要采用的教学方法与手段

本案例采用的教学手段主要为问题导向、历史案例分析、教师讲授及小组讨论等。

（二）教学过程的组织与实施

1. 课前学习

课前通过在线学习平台发布学习通知，以问题思考与探讨的方式提前布置学习任务与要求，让学生阅读材料并提前思考，对即将学习的内容有一定的了解和认识。

2. 课中学习

课堂讲完供给学派的减税思想后，把案例内容展示给学生，同时结合当前的减税降费政策实践，让学生了解中国历史上的减税思想和实践做法。同时，让学生思考在现有的政策实践中还有哪些方面的短板亟待解决。通过理论联系实际，增加代入感，进一步培养学生的学以致用及分析能力。

3. 课后学习

课后要求学生结合数字案例，进一步了解目前世界各国的减税政策，并结合已有知识进一步深入阅读学术论文和著作，从专业角度思考、领悟减税问题，在讨论课中以小组形式阐述思想，进行交流。

（三）考核与评价

本思政案例的考核与评价主要包括如下方面：

考核评价指标	考核评价内容	考核评价方式
知识	（1）税收与经济的关系 （2）拉弗曲线的含义及分析	回答问题 练习 作业 单元测试
能力	在掌握供给学派的减税思想基础上，能够结合历史事件来进一步分析执政者为什么要减税，减税带来的结果是什么，同时对当前中国采取的减税降费政策有更进一步的了解	研讨 观点分享 案例分析
素质	历史发展本身蕴涵着前人的智慧和极为丰富的治国理政经验，通过对税收历史事件的学习与回顾，了解中国古代税收思想，有利于增强民族自信、理论自信和文化自信	团队讨论评测打分 小组内部评测打分 知识点讲解 作业、单元测试的完成情况
思政	历史是前人的实践和智慧之书，学习历史可以为治国理政提供有益启示。2019年美国经济学家阿瑟·拉弗博士被授予美国最高平民荣誉奖章"总统自由勋章"，这使他提出的著名经济学理论"拉弗曲线"再次引起广泛讨论。但减税思想绝不是起源于拉弗，我国从古至今都有很多减税的思想和实践。通过本案例的学习，让学生简单了解中国的减税思想与实践，进一步增强文化自信	读后感的写作 课前、课中、课后的表现 价值取向

五、引申思考

（1）收集我国自 2018 年以来减税降费的相关数据，分析减税降费带来的影响，同时提出进一步增强经济活力、减轻企业负担的政策建议。

（2）美国历史上曾经进行过五次大规模的减税，试着收集资料并分析每次减税的原因、措施及效果。

六、推荐阅读文献

[1] 胡国柳，常启国. 关于政府减税的研究进展与评析 [J]. 湖南大学学报（社会科学版），2022(4):85-91.

[2] 李艳，汪德华，史宇鹏. 大规模减税降费政策的效果评估——基于企业满意度调查的研究 [J]. 学习与探索，2022(6):121-131.

[3] 臧建文，李墨，柳妍. 中国大规模减税降费的政治经济学诠释 [J]. 南方经济，2022(7):1-18.

[4] 马珺，邓若冰. 供给侧改革背景下减税降费的财政压力及应对 [J]. 学习与探索，2020(5):116-124.

[5] 马海涛，文雨辰. 共享发展推进中减税的影响机制与效果检验——基于短长期视角的研究 [J]. 财经问题研究，2022(7):74-85.

[6] 杨志勇. 减税政策下财政收入为什么不减反增 [J]. 人民论坛，2018(29):74-75.

案例 7-4

完善绿色税制　守护绿水青山
——资源税转变见证经济转型

一、教学目标

（一）基本教学目标

1. 知识目标

要求学生了解资源税开征、改革的历史背景，掌握资源税的基本计税方法。

2. 能力目标

能够根据给出的条件计算资源税税收负担。

3. 素质目标

通过对资源税的学习，体会中国国情和"大国税收"的理念。

（二）思政教学目标

通过本案例的学习，引导学生加深对社会主义生态文明建设、税收法制化建设和人类命运共同体的理解，培养学生节能减排的主动性以及节约资源、保护环境的意识。

二、案例描述

资源课税在中国是具有悠久历史的一个税种，最早可以追溯到周朝的"山泽之赋"。此外，战国时期的铁税、唐代的银和锡开采税、清代的矿税等，都属于资源税。不仅是中国，世界各国一般都会对土地、矿藏等课征资源税，并将其作为重要的财政收入来源。中华人民共和国成立后，政务院废除了原有的盐税制度，通过颁布《关于全国盐务工作的决定》执行盐税新的征收原则和管理办法。但是，这时中国并没有资源税这一税种。①

1. 第一阶段：资源税初步建立（1984—1993 年）

资源税是在 20 世纪 80 年代"利改税"和财政收支紧张的背景下开征的。1984 年 10 月，国务院颁布的《中华人民共和国资源税条例（草案）》正式生效，主要对原油、天然气、煤炭和铁矿石销售利润率超过 12% 的部分征税，实行超率累进税率，以调节因开发条件、资源结构等禀赋差异造成的资源级差收入。1984 年开征资源税后到分级分税财政管理体制改革之前，资源税进行了多次调整，在筹集财政收入的基础上，发挥了税收调节的经济和社会功能，特别是多级超率累进税率的实施，使资源税发挥了"经济自动稳定器"功能。

由于这一时期资源税刚刚建立且征税范围有限，所以制度上也存在比较明显的缺陷，如仅对原油、天然气 、煤炭和铁矿石征税，征税范围较窄不利于实现税收的公平原则；另外，超率累进税率的实施计算较为复杂，税收成本相对较高（为解决该问题，1986 年煤炭资源税改为从量定额征收）。

2. 第二阶段：资源税逐步成型（1994—2009 年）

1994 年的分税制改革直到今天对中国的税收制度建设都影响深远。而资源税制度也在分税制改革中更加完善。1993 年国务院发布的《中华人民共和国资源税暂行条例》正式实施，这一条例形成了我国现行资源税制度的框架。在这次改革中，资源税也发生了一些变化，如除海洋石油资源税外的其他资源税收入由原本归中央转变为归地方，同时改变原有的超额利润累进征收办法，实行从量征收。这一改革大大降低了税收成本，更加便于税收征管。

3. 第三阶段：资源税改革阶段（2010—2020 年）

随着社会的进一步发展，1994 年资源税制度也暴露出越来越多的问题。例如，资源税税额标准没有随着资源产品价格持续上涨而相应提高，弱化了资源税的地

---

① 资源税改革 [EB/OL]. 百度百科, https://baike.baidu.com.

位，导致了严重的资源浪费。理论界和实务界要求改革的呼声越来越高。

首先，涉及从价计征的改革。2010 年，新疆率先进行原油和天然气的资源税从价计征试点，标志着资源税改革取得重要突破。2011 年 11 月，《关于修改（中华人民共和国资源税暂行条例）的决定》正式发布，在全国范围内实施原油和天然气的从价计征改革。

其次，资源价格机制改革也开始启动。2012 年，广东、广西两省率先开展天然气价格形成机制改革试点；次年，部分地区实施金属和非金属矿资源税从价计征改革试点；2014 年，煤炭资源税改革取得突破性进展，全面实行从价计征，税率为 2%~10%。

最后，资源税征税范围进一步扩大。2016 年，河北率先开展水资源税改革试点工作，采取水资源费改税方式，将地表水和地下水纳入征税范围。2017 年 12 月，水资源费改税试点省份扩大到 10 个。

4. 第四阶段：资源税逐步完善阶段（2021 年至今）

为进一步增强资源税在促进资源节约集约利用、加强生态环境保护方面的功能，通过税收制度为绿水青山拉起一张牢固的"保护网"，2020 年 9 月 1 日，《中华人民共和国资源税法》正式实施。资源税从价计征改革成果从此上升为法律。至此，车船税、环境保护税、烟叶税、耕地占用税、资源税五大资源环境类税种已全部完成立法。资源税不仅在财政资金筹集方面发挥了越来越重要的作用（见图 7-2），

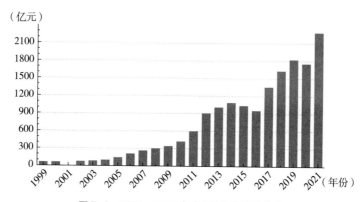

图 7-2 1999—2021 年中国资源税税收收入

资料来源：Wind 数据库。

而且在环境保护、资源集约利用方面表现突出。例如，按照国家税务总局数据显示，2020 年北京、河北等 10 个水资源税试点省份，取用地下水水量占总水量的比例为 33.5%，比改革前 2016 年的 41.5% 下降了 8 个百分点。相信在不久后的将来，以资源税为主的绿色税收体系一定会发挥更为明显的节能减排效应，成为促进资源集约利用、经济高质量发展的良性"催化剂"。

三、案例知识点分析与课程思政设计

（一）案例知识点分析

资源税是为调节资源级差收入并体现国有资源有偿使用而征收的，以各种应税自然资源为课税对象征收的一种税。

2020 年 9 月 1 日，《中华人民共和国资源税法》正式实施，征税对象和税率见表 7–4。

（二）课程思政设计

本案例围绕资源税从建立到发展完善的不同阶段，引导学生思考资源税改革的背后动因，引导学生加深对社会主义生态文明建设、税收法制化建设和人类命运共同体的理解，培养学生节能减排的主动性以及节约资源、保护环境的意识。

四、教学案例使用

（一）主要采用的教学方法与手段

本案例采用的教学手段主要为问题导向、新闻热点分析、教师讲授及小组讨论等。

表 7-4　资源税课税对象和税率

税目			征税对象	税率
能源矿产		原油	原矿	6%
		天然气、页岩气、天然气水合物	原矿	6%
		煤	原矿或者选矿	2%~10%
		煤成（层）气	原矿	1%~2%
		铀、钍	原矿	4%
		油页岩、油砂、天然沥青、石煤	原矿或者选矿	1%~4%
		地热	原矿	1%~20% 或 1~30元/米²
金属矿产	黑色金属	铁、锰、铬、钒、钛	原矿或者选矿	1%~9%
	有色金属	铜、铅、锌、锡、镍、镁、钴、铋、汞	原矿或者选矿	2%~10%
		铝土矿	原矿或者选矿	2%~9%
		钨	选矿	6.5%
		钼	选矿	8%
		金、银	原矿或者选矿	2%~6%
		铂、钯、钌、铱、锇、铑	原矿或者选矿	5%~10%
		轻稀土	选矿	7%~12%
		中重稀土	选矿	20%
		铍、锂、锆、锶、铷、铯、铌、钽、锗、镓、铟、铊、铪、铼、镉、硒、碲	原矿或者选矿	2%~10%

续表

	税目		征税对象	税率
非金属矿产	矿物类	高岭土	原矿或者选矿	1%~6%
		石灰岩	原矿或者选矿	1%~6% 或 1~10（元/吨）
		磷	原矿或者选矿	3%~8%
		石墨	原矿或者选矿	3%~12%
		萤石、硫铁矿、自然硫	原矿或者选矿	1%~8%
		天然石英砂、脉石英、粉石英、水晶、工业用金刚石、冰洲石、蓝晶石、硅线石（砂线石）、长石、滑石、刚玉、菱镁矿、颜料矿物、天然碱、芒硝、钠硝石、明矾石、砷、硼、碘、溴、膨润土、硅藻土、陶瓷土、耐火粘土、铁矾土、凹凸棒石粘土、海泡石粘土、伊利石粘土、累托石粘土	原矿或者选矿	1%~12%
		叶蜡石、硅灰石、透辉石、珍珠岩、云母、沸石、重晶石、毒重石、方解石、蛭石、透闪石、工业用电气石、白垩、石棉、蓝石棉、石榴子石、石膏	原矿或者选矿	2%~12%
		其他粘土（砖瓦用粘土、陶粒用粘土、水泥配料用粘土、水泥配料用红土、水泥配料用黄土、水泥配料用泥岩、保温材料用粘土）	原矿或者选矿	1%~5% 或 每吨0.1~5元
	岩石类	大理岩、花岗岩、白云岩、石英岩、砂岩、浮石岩、凝灰岩、黑曜岩、辉绿岩、安山岩、闪长岩、板岩、玄武岩、片麻岩、角闪岩、页岩、天然油石、蛇纹岩、粗面岩、麦饭石、泥灰岩、含钾岩石、火山灰、火山渣、橄榄岩、松脂岩、辉石岩、泥炭岩、正长岩、正长岩、泥炭	原矿或者选矿	1%~10%
	宝玉石类	砂石	原矿或者选矿	1%~5% 或 0.1~5（元/吨）
		宝石、玉石、宝石级金刚石、玛瑙、黄玉、碧玺	原矿或者选矿	4%~20%

续表

税目		征税对象	税率
水气矿产	二氧化碳气、硫化氢气、氦气、氢气	原矿	2%~5%
	矿泉水	原矿	1%~20% 或 1~30（元/米³）
盐	钠盐、钾盐、镁盐、锂盐	选矿	3%~15%
	天然卤水	原矿	3%~15% 或 1~10（元/吨）
	海盐		2%~5%

案例7-4　完善绿色税制　守护绿水青山——资源税转变见证经济转型

教学内容	思政要素融入点	育人目标
资源税的产生、发展及计征	根据案例可以挖掘的思政点 （1）社会主义生态文明建设、税收法制化建设和人类命运共同体 （2）节能减排的主动性以及节约资源、保护环境的意识	通过对资源税的学习，体会中国国情和"大国税收"的理念

（二）教学过程的组织与实施

1. 课前学习

课前通过在线学习平台发布学习通知，以问题思考与探讨的方式提前布置学习任务与要求，让学生阅读材料并提前思考，对即将学习的内容有一定的了解和认识。

2. 课中学习

课堂讲完国债的基本内容后，把案例内容展示给学生，引导学生针对案例结合之前学习的税收相关内容，分组讨论资源税改革的影响，引出对未来进一步改革完善的思考，增强学生对于国家大政方针的政治认同感。

3. 课后学习

课后要求学生结合数字案例，从专业角度思考、领悟，在讨论课中以小组形式阐述思想，进行交流。

（三）考核与评价

本思政案例的考核与评价主要包括如下方面：

考核评价指标	考核评价内容	考核评价方式
知识	要求学生了解资源税开征、改革的历史背景，掌握资源税的基本计税方法	回答问题 练习 作业 单元测试
能力	能够根据给出的条件计算资源税税收负担	研讨 观点分享 案例分析

续表

考核评价指标	考核评价内容	考核评价方式
素质	通过对资源税的学习，体会中国国情和"大国税收"的理念	团队讨论评测打分 小组内部评测打分 知识点讲解 作业、单元测试的完成情况
思政	通过本案例的学习，引导学生加深对社会主义生态文明建设、税收法制化建设和人类命运共同体的理解，培养学生节能减排的主动性以及节约资源、保护环境的意识	读后感的写作 课前、课中、课后的表现 职业追求 价值取向

五、引申思考

如何更好地发挥税收在环境保护方面的作用?

六、推荐阅读文献

[1] 张嘉洋. 水资源税改革试点扩围政策效果评估——基于绿色全要素生产率视角 [J]. 地方财政研究，2022(10):83–94.

[2] 马蔡琛，赵笛. 基于高质量发展的资源税改革研究 [J]. 税务研究，2022(5): 40–46.

[3] 邓力平，陈斌. "碳达峰、碳中和"目标与绿色税收体系构建 [J]. 税收经济研究，2022，27(1):1–7.

[4] 马蔡琛，赵笛. 构建以环境保护税为基础的绿色税收体系 [J]. 税务研究，2020(11):39–45.

[5] 王昕杰. 内蒙古水资源税五年改革试点成效分析 [J]. 北方经济，2023，422(1):76–79.

第八章

国债

本章案例思维导图

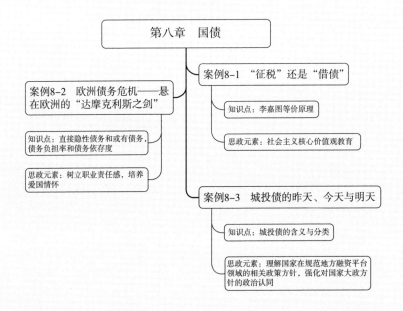

"征税"还是"借债"

一、教学目标

（一）基本教学目标

1. 知识目标

要求学生理解李嘉图等价原理的来龙去脉，理解"征税"和"借债"的选择问题。

2. 能力目标

在理解李嘉图等价原理及其相关争论的基础上，能够学以致用，对我国的具体情况进行分析和思考。

3. 素质目标

理解统筹发展与安全的深层次意义。

（二）思政教学目标

通过本案例的学习，帮助学生理解"税收"和"发债"，从"债务"偿还的视角阐明合理发债的必要，对未来的财经工作者们进行社会主义核心价值观教育，帮助学生树立正确的世界观、人生观和价值观。

二、案例描述

材料一：政府融资手段

政府是不生产钱币的，政府的资金来源主要是这几个方面：征税、行政性收费、经营国有企业获得的红利、卖土地与资源所获得的收入。政府没有税费收入，那是要关门的。美国政府就曾经因为国会拨款问题而关门，时间是 1977—1996 年，美国政府关门 17 次，时间最短 1 天，最长 21 天。2013 年 10 月 1 日，奥巴马当政期间，美国政府关门，时间为 16 天。美国的中央政府因为没有钱而关门，还有美国地方政府因为没有钱也会关门。政府为什么会关门？这是因为政府公职人员需要发工资、政府机构运作需要经费、各项公共管理项目需要资金投入等，政府没有钱做事，就没有办法运作，只能关门了。

可见为了实施政策，履行职能，政府也是需要融资的。那么是应该通过税收来筹资，还是通过借债来筹资？

关于征税与借债手段的选择取舍问题，最经典的故事源于 19 世纪初的英法战争，为了战胜法国，英国利用金钱和外交，与其他国家组建了反法同盟，导致其军费开支不断增加，国库压力倍增。该如何解决接下来的军费资金成为财政棘手的问题，英国国会上围绕征税还是发债问题展开了激烈的争论。那么征税与借债两种筹资方式，在效果方面有何不同？对私人消费和宏观经济的负面影响是否有差异？

按照李嘉图的公债观点，"发行公债与征税的差别，仅在于公债要偿还利息，但利息的偿还，只不过是将一部分人的收入转移给另一部分人，即把纳税人的收入转移给公债的债权人，并不改变国家财富的总量"。当然，李嘉图提出等价原理也是基于一定的假设前提，包括利他性、边际消费倾向相同等。罗伯特·巴罗在其著作中对李嘉图等价原理进行了补充性阐释，并进一步指出李嘉图等价原理暗示着财政政策的无效性。因为如果政府选择发债筹资，人们并不会因为在当前承担的税收减少而增加消费，考虑到政府债务的偿还最终会增加后代的税负，人们会综合考量安排当前消费。

经济学家曼昆对此却有着不同的解释。曼昆认为，人们在消费时带有理性，也会为下一代的财富考虑，但是这种远见是在一定范围内的，存在很大的局限性。当政府税收减少时，人们便会认为这种税负的减轻是未来的一种常态，他们的收入也会持续增加，在这种心理预期下，人们还是会增加当前消费的。

关于李嘉图等价原理的争论还在持续进行中，但我们可以从中看到，政府出现财政赤字时，会通过发放债券和增加税收来偿还公债。用税收的方式来偿还公债，并不违背法律和政治要求，但是，公债对于人民税负的影响却是我们应该认真考虑的。从本质上说，发债使用人们未来的税收代替当前的税收，实际上并没有减少消费者的税收负担。因此，政府应当科学合理地发行债券，控制好发债的限度。

材料二：特别国债

2022 年 12 月 12 日，财政部发行的特别国债开始上市交易。此次发行的特别国债总面值为 7500 亿元。这是我国历史上第四次发行特别国债，之前我国分别在 1998 年、2007 年以及 2020 年发行过额度为 2700 亿元、1.55 万亿元、1 万亿元的特别国债。主要用途是补充四大国有银行行资本金，以提高金融危机下的风险处置能力；注册成立中投公司，以提升外汇的投资管理能力；保持地方公共卫生等基础设施建设支出以及疫情防控相关支出。

特别国债并非用于弥补财政赤字，而是专款专用，扶持特定重大项目，往往与解决重大金融或改革问题高度相关，一般是以提高收益为主要目标。此次特别国债发行，严格按照国债发行相关法律法规，采用市场化方式，在银行间债券市场针对有关银行定向发行，个人投资者不能购买。同时由于 2007 年发行的特别国债中在 2022 年 12 月到期的有 7500 亿元，与本次发行的特别国债总额相等，所以本次特别国债实际上是 2007 年特别国债的等额滚动发行，不会增加财政赤字。

除了特别国债，近些年，随着地方政府债务率提高，市场对专项债的政策走向也在密切关注。专项债是扩大有效投资，稳定宏观经济的重要抓手。2023 年 1 月 30 日，财政部在新闻发布会上表示，要统筹发展和安全，合理安排 2023 年政府专项债券规模，保持宏观杠杆率基本稳定。我国的专项债于 2015 年首次发行，发行额度逐年提高，但 2021—2022 年由于地方政府债务率落入警戒区间，财政部开始适度控制专项债规模（见图 8-1）。

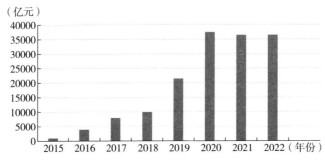

（亿元）

图 8-1　2015—2022 年我国专项债发行额度

资料来源：财政部。

三、案例知识点分析与课程思政设计

（一）案例知识点分析

1. 税收

国家为了实现其职能，依据政治权力，按照法律规定，强制地、无偿地征收参与国民收入和社会产品的分配和再分配取得财政收入的一种形式就是税收。政府取得财政收入的方式有很多，除了税收，还有发行货币、发行国债、收费、罚没等。其中税收由政府征收，取自于民、用之于民，具有无偿性、强制性和固定性的特征。

2. 国债

国债是中央政府为筹集财政资金而由国家发行的一种政府债券，是中央政府向投资者出具的、承诺在一定时期支付利息和到期偿还本金的债权债务凭证。国债因为有国家信用作保障，具有较高的信用度，被认为是相对最安全的投资工具。

3. 税收和国债的比较

税收和国债从筹集财政收入方式看是不同的。税收是强制征收的，纳税人不得以任何理由抗拒缴纳，纳税是每个公民的应尽义务。国债作为国家信用，是采取有偿方式取得收入，一般是采取自愿认购方式。

税收和公债对经济产生的影响不同。税收是国家强制参与分配一部分国民生产总值或国民收入以增加财政收入来满足国家执行职能的需要。征税减少纳税人的开支，会对私人投资产生影响。国债发行主要是吸收社会闲散资金为政府使用，满足政府增加基础设施建设等开支需要，改善经济环境，推动经济和公益事业发展。

国债、税收对资源的动员和利用产生的影响不同。增加税收无疑会增加财政收入，但是税收是强制征收，不如国债更容易让人接受。税收以强制手段且只能调动国内资源，而如果发行国债且被国外持有，则可动员部分外国资源，弥补国家资源短缺。

（二）课程思政设计

本案例围绕"李嘉图等价原理"探讨政府两种融资方式"征税"和"借债"对宏观经济以及消费的影响；通过案例讨论引导学生思考"李嘉图等价原理"对我国的适用性以及政府发债的政策导向。

案例 8-1　"征税"还是"借债"

教学内容	思政要素融入点	育人目标
政府两种筹资方式的比较；李嘉图等价原理	根据案例可以挖掘的思政点： （1）李嘉图等价原理的争论反映出理论与现实的差距，理论学习的过程中要有思辨能力，质疑精神 （2）我国在国债和地方债务方面的政策导向体现了对发展和安全的统筹	从李嘉图等价原理的争论培养学生的思辨能力；从我国发债的政策导向引导学生关注国家大政方针的良好道德情操

四、教学案例使用

（一）主要采用的教学方法与手段

本案例采用的教学手段主要为问题导向、新闻热点分析、教师讲授及小组讨论等。

（二）教学过程的组织与实施

1. 课前学习

课前通过在线学习平台发布学习通知，以问题思考与探讨的方式，提前布置学习任务与要求，让学生阅读材料并提前思考，对即将要学习的内容有一定的了解和认识。

2. 课中学习

课堂讲完国债的基本内容后，把案例内容展示给学生，引导学生针对案例结合之前学习的税收相关内容，分组讨论"征税"和"借债"两种融资方式对消费的影响、我国的积极财政政策是否有效。请大家思考"李嘉图等价原理"的适用性；然后提问学生，"借债"过多有可能带来怎样的问题，引出我国近两年在发债方面的政策导向，增强学生对国家大政方针的认同感。

3. 课后学习

课后要求学生结合数字案例，进一步了解政府"借债"的政策导向，并从专业角度思考、领悟，讨论课中以小组形式阐述思想，进行交流。

（三）考核与评价

本思政案例的考核与评价主要包括如下方面：

考核评价指标	考核评价内容	考核评价方式
知识	要求学生理解李嘉图等价原理的来龙去脉，理解"征税"和"借债"的选择问题	回答问题 练习 作业 单元测试
能力	在理解李嘉图等价原理及其相关争论的基础上，能够学以致用，对我国的具体情况进行分析和思考	研讨 观点分享 案例分析
素质	结合积极财政政策的效果以及我国发债政策导向理解统筹发展与安全的深层次意义	团队讨论评测打分 小组内部评测打分 知识点讲解 作业、单元测试的完成情况
思政	通过案例的学习，帮助学生理解"税收"和"发债"，从"债务"偿还的视角阐明合理发债的必要，对未来的财经工作者们进行社会主义核心价值观教育，帮助学生树立正确的世界观、人生观和价值观	读后感的写作 课前、课中、课后的表现 职业追求 价值取向

五、引申思考

如果公债是政府的一种收入，那么这是不是意味着政府永远不会出现收不抵支这一问题？

六、推荐阅读文献

[1] 毛捷，马光荣.政府债务规模与财政可持续性：一个研究综述 [J].财政科学，2022，83(11):10–41.

[2] 郝春虹，赵旭东，张慧敏，陈凤锦.新农保是否增加了子代劳动供给？——一个家庭代际分工视角下的经验验证 [J].劳动经济研究，2022，10(4):81–110.

[3] 邓文硕.特别国债发行的历史经验、国际借鉴和未来展望 [J].武汉金融，2020，246(6):70–74.

[4] 类承曜.国债税收问题研究及优化建议 [J].债券，2021，112(10): 12–17.

[5] 刘新华，王梦杰，彭文君.财政赤字货币化的本质——基于现代货币理论的视角 [J].江西社会科学，2021，41(9):47–58，254.

[6] 吕冰洋，陈怡心，詹静楠.政府预算管理、征税行为与企业经营效率 [J].经济研究，2022，57(8):58–77.

[7] 刘思敏，李鸿禧，莫家琦.深化中国国债收益率曲线应用 [J].债券，2023，129(3):68–73.

案例 8-2

欧洲债务危机
——悬在欧洲的"达摩克利斯之剑"

一、教学目标

（一）基本教学目标

1. 知识目标

要求学生掌握直接隐性债务和或有债务，理解债务负担率和债务依存度。

2. 能力目标

在理解债务负担率和债务依存度概念的基础上，能够检索相关政府债务数据，对债务负担率和债务依存度进行横向和纵向对比分析。

3. 素质目标

在学习政府债务的相关概念以及理论的基础上，通过分析我国的债务负担率等相关数据，理解我国加强政府债务管理的深层意义。

（二）思政教学目标

通过本案例的学习，帮助学生正确分析政府债务水平，从而增强对政府债务管理的相关政策的认同感，帮助学生树立职业责任感，培养爱国情怀；同时加强个人信用活动的管理，养成理性的消费观。

二、案例描述

　　欧洲债务危机最早开始于希腊债务危机。2009 年 10 月初，希腊政府突然宣布 2009 年政府财政赤字和公共债务占国内生产总值的比例预计将分别达到 12.7% 和 113%，超过该国此前公布的数字两倍多，远高于《稳定与增长公约》所规定的 3% 和 60% 的上限。国际三大评级机构标准普尔、惠誉和穆迪相继在当年 12 月下调了希腊的主权信用评级。信用评级的下降增加了国债发行难度，而为了吸引投资者不得不提升收益率水平，10 年期希腊国债收益率一度飙升至 6.7%。收益率的提升使希腊陷入严重的恶性循环：国债收益率上升，意味着政府融资成本上升，政府的财政负担进一步加重。同时，政府债务负担的加重又继续引起市场恐慌，导致投资者纷纷抛售国债，导致国债收益率继续提高。如果想要遏制国债价值的急速下滑趋势，财政紧缩政策是必需的，而执行这种政策政府会面临政治上的巨大压力[①]。

　　为了摆脱危机的困扰，2010 年 1 月 14 日希腊政府宣布未来 3 年的经济稳定与增长计划，即削减公共支出、改革现行税收体系、推动本国支柱产业的发展等，目的是使预算赤字降至 GDP 的 2.8%，使赤字水平达到《马斯特里赫特条约》的趋同标准。希腊之后还制订了两个应对债务危机的紧缩方案，但是市场依旧未建立起对希腊国债的信息，投资者继续大量抛售希腊国债，这导致希腊政府在债券市场的融资能力大大降低。屋漏偏逢连夜雨，国际评级机构穆迪和标普第二次下调希腊主权债务评级，希腊不得不正式向欧盟和国际货币基金组织（IMF）申请救助，并向欧盟和国际货币基金组织承诺将实施更严格的紧缩计划，即便如此，2010 年底希腊公共债务占 GDP 的比例还是达到 142.8%，成为欧元区债务率最高的国家。希腊的债务危机很快影响到欧元区的其他国家，爱尔兰、葡萄牙、西班牙和意大利也先后因为不断恶化的财政状况，被信用机构降低评级，发债融资面临困境，融资成本不断攀升。

　　经济增长主要依靠房地产拉动的爱尔兰经济增速一直高于欧元区的平均水平。但是 2008 年的国际金融危机影响了房地产市场，爱尔兰的房地产价格急速

---

　　① 欧洲债务危机 [EB/OL]. 百度百科，https://baike.baidu.com.

下跌，银行业因为大量的房贷坏账濒临破产。为了维护金融市场稳定，爱尔兰政府不得不耗费巨资救助银行业，从而导致财政赤字从 2009 年占 GDP 10.75% 激增至 2010 年的 32%。同样的恶性循环在爱尔兰出现，为了能在债券市场融资，提高债券收益率是必须的。2010 年 11 月，爱尔兰 10 年期国债收益率已经接近 9%，创下自欧元诞生以来的最高水平。11 月 21 日，爱尔兰政府不得不步希腊后尘请求欧盟和国际货币基金组织提供救助，掀起欧元区主权债务危机第二波高潮。

以旅游业为支柱产业的葡萄牙，经济基础本身就比较脆弱，金融危机使大批企业破产，政府财政收入锐减，财政状况恶化。2010 年葡萄牙政府债务占 GDP 的比例已经高达 93.3%。葡萄牙发行的债券频繁被国际评级机构降级，其债券被投资者列为世界上第八大高风险债券，融资成本大幅上升。

西班牙的经济增长动力主要来源于房地产业和建筑业。同样受 2008 年国际金融危机影响，房地产价格下降，许多建筑公司破产导致失业率上升。政府加大了对失业救济的支出，政府财政由 2006 年预算盈余占 GDP 的 2% 逆转为 2009 年预算赤字占 GDP 的 11.2%，成为仅次于希腊和爱尔兰的欧元区财政赤字第三高的国家。

意大利经济规模较大，是欧元区第三大经济体，也正因为经济规模庞大，其债务规模也要比其他国家高出很多。意大利的主导产业出口加工制造业和房地产业在 2008 年国际金融危机中遭受重创，竞争优势逐渐消失，经济增长缓慢。2011 年政府债务占 GDP 的 120%，是除希腊之外欧元区内债务比例最高的国家。信用评级下降以及国债收益率攀升也是无可避免的。然而由于意大利经济体量较大，其债务规模也远超其他国家。2011 年 10 月至 2012 年 12 月 31 日，意大利需要偿还的债务规模比西班牙、葡萄牙和爱尔兰三国的债务总和还要大，如果意大利债务失控，将引发一系列连锁反应。

三、案例知识点分析与课程思政设计

（一）案例知识点分析

1. 国债的概念和特征

（1）国债是国家债务的简称，是中央政府为满足其履行职能的需要获取财政资金的一种形式。通常采取国家信用方式筹集财政资金，由此形成的债务称为国债。国债是一种信用性质的财政收入，体现着有借有还的信用原则。

（2）国债的三大特征。有偿性：国债要按照事先约定的时间如期偿还本金，并向认购者支付利息。自愿性：认购者自愿认购国债。灵活性：国债发行与否及发行多少，一般完全由政府根据政府职能、宏观调控需要等有关因素灵活确定。

2. 国债的负担和限度

（1）国债的负担主要体现在以下两个方面：

一是政府（债务人）负担。债务到期偿付时，就会产生政府偿债负担。

二是纳税人的负担。税收收入是国债还本付息的最终来源。因此从国债偿还的角度来说，国债就是针对纳税人的一种延期税收。可见国债会产生代际负担问题。代际负担取决于政府偿债时的税负来源和国债发行筹措资金的使用及投资效率。如果政府的国债资金完全用于当代人的消费性支出，而且国债累积到下代人并需要其纳税偿还时，就会产生纯粹的下代人负担问题，这就是国债负担的代际转移。

（2）国债的限度。衡量国债规模的主要指标如表8-1所示。

表 8-1　衡量国债规模的主要指标

类别	指标	内涵	标准或安全线
从国民经济范畴来反映	国债负担率	国债余额占 GDP 的比重	<60%
	居民负担率	当年国债发行额占居民储蓄余额的比重	<10%
与财政收支有关的反映	政府偿债率	当年还本付息额占当年财政收入的比重	≤10%
	国债依存度	当年国债发行额占当年财政支出的比重	20%

（二）课程思政设计

本案例通过欧洲主权债务危机进展过程的梳理；引导学生思考债务危机发生的原因，进而结合所学习的国债限度问题思考我国的债务管理问题以及欧债危机带给我们的启示。

教学内容	思政要素融入点	育人目标
国债的特征；国债的负担与限度	根据案例可以挖掘的思政点： （1）国债的限度问题在个人信用活动中依然存在，由此问题引导学生思考个人信用活动中应该注意的问题 （2）我国在国债和地方债务方面的政策导向体现了对发展和安全的统筹	引导学生建立有限、合理的债务观和理性的消费观；从我国发债的政策导向引导学生关注国家大政方针的良好道德情操

案例 8-2　欧洲债务危机——悬在欧洲的"达摩克利斯之剑"

四、教学案例使用

（一）主要采用的教学方法与手段

本案例采用的教学手段主要为问题导向、新闻热点分析、教师讲授及小组讨论等。

（二）教学过程的组织与实施

1. 课前学习

课前通过在线学习平台发布学习通知，以问题思考与探讨的方式，提前布置学习任务与要求，让学生阅读材料并提前思考，对即将要学习的内容有一定的了解和认识。

2. 课中学习

课堂讲完国债的概念、特征以及国债的负担和限度后，把案例内容展示给学生，引导学生挖掘欧洲各国发生债务危机存在的共性问题；请大家总结信用活动的两面性，提问学生在个人的信用活动中是否感受过偿还债务的压力，引导学生思考个人的消费观，并进一步关注我国在加强政府债务管理方面的举措，增强学生对于国家大政方针的政治认同感。

3. 课后学习

课后要求学生结合数字案例，进一步了解政府的政策导向，并从专业角度思考、领悟，讨论课中以小组形式阐述思想，进行交流。

（三）考核与评价

本思政案例的考核与评价主要包括如下方面：

考核评价指标	考核评价内容	考核评价方式
知识	要求学生掌握直接隐性债务和或有债务，理解债务负担率和债务依存度	回答问题 练习　作业 单元测试
能力	在理解债务负担率和债务依存度概念的基础上，能够检索相关政府债务数据，对债务负担率和债务依存度进行横向和纵向对比分析	研讨 观点分享 案例分析
素质	在学习政府债务的相关概念以及理论的基础上，通过分析我国的债务负担率等相关数据，理解我国加强政府债务管理的深层意义	团队讨论评测打分 小组内部评测打分 知识点讲解 作业、单元测试的完成情况
思政	通过本案例的学习，帮助学生正确分析政府债务水平，从而增强对政府债务管理的相关政策的认同感，帮助学生树立职业责任感，培养爱国情怀；同时加强个人信用活动的管理，养成理性的消费观	读后感的写作 课前、课中、课后的表现 职业追求 价值取向

五、引申思考

欧洲主权债务危机带给我国的启示是什么？在实施积极财政政策的过程中，有哪些问题是需要注意的？

六、推荐阅读文献

[1] 陈诗一，汪莉. 中国地方债务与区域经济增长 [J]. 学术月刊，2016，48(6): 37-52.

[2] 马恩涛，任保平. 党的十八大以来我国地方政府债务治理的新成就新经验 [J]. 地方财政研究，2022(11):17-25.

[3] 高跃，冀云阳. 地方政府债务对城乡收入差距的影响 [J]. 北京社会科学，

2023，239(3):77–87.

[4] 马恩涛，任海平 . 我国地方政府债务现状、原因分析与因应对策 [J]. 财政监督，2023，540(6):19–23.

[5] 李红镝，敖晶 . 我国"地方政府债务风险"研究热点与前沿的可视化分析 [J]. 经济研究导刊，2023，533(3):134–138.

[6] 张曾莲，王莹 . 地方政府债务、金融稳定与政府支出效率的互动效应——基于 2009—2018 年省面板数据的联立方程分析 [J]. 大连理工大学学报（社会科学版），2023，44(2):1–10.

案例 8-3

城投债的昨天、今天与明天

一、教学目标

（一）基本教学目标

1. 知识目标

要求学生掌握城投债的含义与分类，了解分税制改革以来地方融资平台和城投债的发展历程。

2. 能力目标

能够运用财政政策以及政府债务相关理论知识分析地方融资平台、城投债的潜在风险。

3. 素质目标

理解国家为规范地方融资平台出台的相关政策，深入理解防范化解重大风险、推进国家治理体系和治理能力现代化的重要意义。

（二）思政教学目标

通过本案例的学习，梳理城投债的前世今生，帮助学生运用财政政策以及政府债务等理论理解国家在规范地方融资平台领域的相关政策方针，强化对国家大政方针的政治认同。

二、案例描述

材料一：城投债的发展历程

自 1992 年我国第一支城投债发行至今，城投债经历了 30 多年的发展历程。回顾城投债出现的历史原因，主要有以下三个方面：第一，1994 年 1 月 1 日，我国开始实施分税制财政管理体制，重新划分中央和地方的财政收支，导致了中央和地方财权与事权错配的问题日益凸显。地方政府的有限财权使其难以承担分配的事权，地方政府不得不通过其他渠道进行融资，由此带来地方政府投融资平台的兴起。地方政府借助平台公司在金融市场融资，一方面满足不断增长的资金需求；另一方面也缓解地方财政恶化的状况。城投债就是地方政府投融资平台融资的重要渠道之一。第二，按照旧预算法规定"除法律和国务院另有规定外，地方政府不得发行地方政府债券"，因此地方政府无法通过直接负债来筹措建设资金。通过地方融资平台发行城投债券融资受到的外部约束相对较少，城投债券逐渐成为地方政府融资的可行方式，为基础设施建设提供资金，促进地方经济的快速发展。第三，随着我国城市化进程的加速推进，地方政府需要投入的基础设施建设资金逐渐增加，而地方财政收入匮乏所造成的资金缺口不断扩大，地方政府不得不寻求外部融资。与其他融资方式相比，城投债融资成本较低、收益水平较高，是地方政府外部融资的首选。

尽管城投债的出现有一定的历史原因，但在 2008 年以前，我国共发行 66 只城投债，发行规模合计 781 亿元，整体发行规模较小，增长速度也较缓慢。地方政府再次面临财政收支缺口，为了支持地方政府通过外部平台进行融资，中国人民银行和银监会联合发布《关于进一步加强信贷结构调整促进国民经济平稳较快发展的指导意见》，为地方政府投融资平台的发展提供了宽松的监管环境。城投债在不到一年的时间，发行规模从 495 亿元增长至 1572 亿元。

虽然城投债的发行主体是企业，然而对投资人来说，城投债却有着政府的隐形背书。城投债实质是政府通过国企向社会融资，将资金用于改善营商环境、交通出行以及生活质量，这些变化也会给政府带来收益，用于偿还城投债。然而现实是，地方政府对于土地收入的依赖过高，兑付城投债的资金也多来自土地收入。如果遭遇房地产调控，城投债的兑付就可能面临资金压力。面对着城投债和平台公司的快速增长，地方债务激增，这种潜在的风险成为国家关注的问题。2010 年国务院、国家发展和改革委员会接连发布文件，对地方政府投融资平台债务进行一次性全面清理，规范平台公司的融资行为，并且禁止地方政府违规担保、承诺等行为。而在这些文件出台的第二年，城投债信用事件接连发生。受到政策和风险事件的双重影响，城投债在 2010—2011 年进入滞缓发展阶段。城投债规模维持在 2000—3000 亿元，年均增长速度维持在 27% 左右。

2012—2014 年，城投债进入井喷式发展阶段。全球经济复苏的大背景下，"稳增长"成为财政政策首要目标，中央出台了一系列政策加强对地方基础设施的投入，这也就进一步增加了发债融资的需求。在国家发展和改革委员会放松企业债发行审核流程的同时，银行间交易商协会公布了可发债名单，包括产业类公司、全民所有制企业、保障房建设以及中央 19 号文件中支持的地铁轨交项目，切实保证了发债的必要性。

一方面，地方政府为了支持经济发展，落实刺激经济的措施，确实存在着通过融资平台筹措资金的需要；另一方面，地方政府债务规模的扩张，债务风险也在不断累积。基于经济发展与风险可控的综合考虑，国家出台政策对地方政府融资行为进行规范。2014 年，新的预算法以及国务院 43 号文从法律层面明确了城投债与地方政府信用脱钩，城投公司转变为独立运行的市场主体。伴随着中央监管政策的不断完善，城投监管经历了多轮"松—紧"周期，城投债的融资规模也呈现周期性变化。

材料二：城投债的市场化转型

1993 年上海市建设投资开发总公司发行 5 亿元城市建设债券，标志着我国第一支城投债的诞生。城投债在我国历经 30 年的发展，总规模达到 65 万亿元，虽然目前无一例发生实质性违约，但是近几年城投债发行人频繁出现的债务展期却引发市场诸多猜想①。

---

① 戴晚枫，章虎. 我国城投类债券发展研究 [EB/OL]. 豆丁网，https://www.docin.com/p-914524733.html.

截至 2022 年 11 月中旬，2022 年内共有 39 家城投债发行人对 85 只债券兑付进行展期，已确认展期本息规模合计超过 820 亿元，达到历史新高。城投债券能否按期兑付再次引发市场关注，在一定程度上也打破了债券市场"看遍千万债，还是城投好"的说法。

事实上自第一支城投债发行以来，从承销商到投资者以及参与债券发行环节的人，都将其视为当地政府发债。这也是财政部发文，严格区分政府和城投债务的关键原因。2015 年新预算法实施后，从法律层面赋予地方政府举债的权利，并对政府和城投债务做了严格区分。财政部发布的《国务院关于加强地方政府性债务管理的意见》（以下简称"43 号文"）中，明确指出，要剥离融资平台公司政府融资职能，融资平台公司不得新增政府债务。可以看出"43 号文"的核心在于明晰政府与融资平台的关系，将政府融资职能从城投平台剥离，对于地方政府新发生或有债务，要严格限定在依法担保的范围内，并根据担保合同依法承担相关责任。同时地方政府要加强对或有债务的统计分析和风险防控，做好相关监管工作。2016 年国办 88 号文再次提出要加大对地方融资平台的管理力度，特别明确中央不救助原则，从而彻底打破市场对中央兜底的预期，这也开启了我国城投债的市场化转型之路。

按照财政部的部署，针对不同类型的地方融资平台公司，进行注销或转型的处置。纯粹承担政府融资工具的"空壳类"平台公司，要求各地方政府在妥善处置存量债务、资产和人员等基础上进行清理注销；既有政府融资职能，又有公益性项目建设运营职能的"复合类"平台公司，首先剥离其政府融资功能，然后推动其转型为公益类国有企业；对"市场类"平台公司，在妥善处置存量债务的基础上，转型为商业类国有企业。

近两年，在政府工作报告以及中央经济工作会议中，将防范债务风险与金融风险作为宏观经济调控的底线多次被提及，在政策落实方面更加强调底线思维、精准施策。为了全力防范化解债券违约风险，监管部门在逐步推进落实经济金融领域风险化解及处置工作，以加快补齐制度短板，完善债市风险防控机制。

三、案例知识点分析与课程思政设计

（一）案例知识点分析

1. 城投债

城投债又称"准市政债"，是分税制改革后，随着我国大规模城镇化建设发展起来的特有债券品种。其发行主体为城投平台，筹集资金主要用于地方基础设施建设或公益性项目。因此，市场参与者普遍认为城投债是有政府信用作为隐形背书的"无风险债券"。

2. 地方融资平台

地方融资平台式由地方政府发起设立，通过划拨土地、股权、规费、国债等资产，包装出的资产和现金流均可达到融资标准的公司。其主要经营活动为承接各类投资资金并将资金运用于市政建设、公用事业等肥瘠不一的项目，地方政府在必要的项目辅之以财政补贴作为还款承诺。主要表现形式为地方城市建设投资公司（以下简称"城投公司"）。

（二）课程思政设计

本案例通过城投债发展历程以及监管政策的梳理，引导学生思考城投债存在的必要性以及监管政策调整的背后深意，进而结合所学习的政府债务相关理论知识思考我国的债务管理问题以及防范和化解债务和金融风险的具体举措。

案例 8-3　城投债的昨天、今天与明天		
教学内容	思政要素融入点	育人目标
城投债的特征、发展历程	根据案例可以挖掘的思政点： （1）正确理解当前城投债发行主体的展期行为，对经济热点问题要有自己独立的思考和判断 （2）我国在城投债和地方债务方面的政策导向体现了对发展和安全的统筹	从我国对城投债的监管导向引导学生关注国家大政方针的良好道德情操

四、教学案例使用

（一）主要采用的教学方法与手段

本案例采用的教学手段主要为问题导向、新闻热点分析、教师讲授及小组讨论等。

（二）教学过程的组织与实施

1. 课前学习

课前通过在线学习平台发布学习通知，以问题思考与探讨的方式，提前布置学习任务与要求，让学生阅读材料并提前思考，对即将要学习的内容有一定的了解和认识。

2. 课中学习

课堂讲完城投债的特征以及发展历程后，把案例内容展示给学生，引导学生思考城投债的必要性以及潜在的风险问题；请大家思考将政府与城投债务剥离的必要性，并进一步关注我国在加强政府债务管理方面的举措，增强学生对于国家大政方针的政治认同感。

3. 课后学习

课后要求学生结合数字案例，进一步了解政府的政策导向，并从专业角度思考、领悟，讨论课中以小组形式阐述思想，进行交流。

（三）考核与评价

本思政案例的考核与评价主要包括如下方面：

考核评价指标	考核评价内容	考核评价方式
知识	要求学生掌握城投债的含义与分类，了解分税制改革以来地方融资平台和城投债的发展历程	回答问题 练习 作业 单元测试
能力	能够运用财政政策以及政府债务相关理论知识分析地方融资平台、城投债的潜在风险	研讨 观点分享 案例分析

续表

考核评价指标	考核评价内容	考核评价方式
素质	理解国家为规范地方融资平台出台的相关政策，深入理解防范化解重大风险、推进国家治理体系和治理能力现代化的重要意义	团队讨论评测打分 小组内部评测打分 知识点讲解 作业、单元测试的完成情况
思政	通过本案例的学习，梳理城投债的前世今生，帮助学生运用财政政策以及政府债务等理论理解国家在规范地方融资平台领域的相关政策方针，强化对国家大政方针的政治认同	读后感的写作 课前、课中、课后的表现 职业追求 价值取向

五、引申思考

如何看待城投债发行人的展期行为？有哪些具体举措可以缓解城投债券兑付压力？

六、推荐阅读文献

[1] 夏诗园. 城投债：缘起、风险及监管研究 [J]. 金融理论与教学，2022(6): 44–50.

[2] 郭柯. 我国城投债的风险与对策 [J]. 中共中央党校学报，2014，18(3): 86–90.

[3] 张路. 地方债务扩张的政府策略——来自融资平台 "城投债" 发行的证据 [J]. 中国工业经济，2020，383(2):44–62.

[4] 周天芸，扶青，吴泽桐. 城投信仰、融资成本与地方政府融资平台市场化 [J]. 产经评论，2021，12(4):143–160.

[5] 陈玉洁，王剑锋. 城投债融资成本与担保增信的分类有效性 [J]. 海南大学学报（人文社会科学版），2021，39(5):82–90.

[6] 嵇杨，曹慧敏. "城投债" 的发展历程及信用评级方法 [J]. 宏观经济管理，2014，366(6):56–59.

第九章

国家预算与预算管理体制

本章案例思维导图

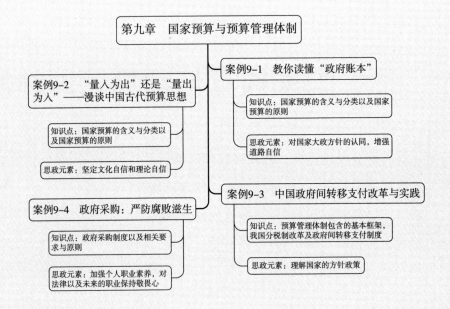

教你读懂"政府账本"

一、教学目标

（一）基本教学目标

1. 知识目标

要求学生掌握国家预算的含义与分类以及国家预算的原则。

2. 能力目标

能够结合国家预算的含义、分类与原则理解"四本预算"中的各项支出，利用国家预算的相关数据分析我国各项预算支出的变动趋势。

3. 素质目标

具备正确理解"政府账本"能力的基础上，通过相关数据分析，理解"政府账本"背后所反映的政策导向。

（二）思政教学目标

通过本案例的学习，帮助学生正确解读"政府账本"，了解"政府账本"中各项支出的变动趋势并能够理解支出变动背后所反映的深层次含义，体会各项政策是如何通过政府的支出实现落地的。进一步培养学生对国家大政方针的认同，增强道路自信。

二、案例描述

材料一："政府账本"的"四本预算"

生活中不少家庭有记录日常开支的习惯，通过记录一段时间的收支情况，可以更好地规划家庭生活。政府部门的资金收支是庞大的，同样需要有更为专业的记录，"政府账本"需要从"四本预算"说起。

《预算法》第四条规定："政府的全部收入和支出都应当纳入预算。"在我国目前的财政预算体系下，政府预算包括一般公共预算、政府性基金预算、国有资本经营预算、社会保险基金预算，又称为"四本预算"。

1. 一般公共预算

一般公共预算是对以税收为主体的财政收入，用于保障和改善民生、推动经济社会发展、维护国家安全、维持国家机构正常运转等方面的收支预算。

——《预算法》第六条

一般公共预算收入：增值税、消费税、个人所得税、企业所得税、关税、契税等税收和行政性收费、罚没收入等非税收收入。

2. 政府性基金预算

政府性基金预算是对依照法律、行政法规的规定在一定期限内向特定对象征收、收取或者以其他方式筹集的资金，专项用于特定公共事业发展的收支预算。

——《预算法》第九条

政府性基金预算规模上仅次于一般公共预算，是第二大账本。

政府性基金收入：主要是国有土地使用权出让收入。

政府性基金支出：用于土地收储整理、基础设施建设等领域，集中反映政府市政建设支出。

3. 国有资本经营预算

国有资本经营预算是对国有资本收益做出支出安排的收支预算。

——《预算法》第十条

国有资本经营预算在"四本预算"里规模最小，是其他预算的零头。

国有资本经营收入：国有企业上缴的利润。

国有资本经营支出：用于国有经济和产业结构调整、重大技术创新、补充社保基金支出以及改革重组补助支出。

4. 社会保险基金预算

社会保险基金预算是对社会保险缴款、一般公共预算安排和其他方式筹集的资金，专项用于社会保险的收支预算。

——《预算法》第十一条

社会保险基金收入：主体是个人和单位缴纳的养老金、医保等社保缴费，不足的话一般公共预算会安排一部分。

社会保险基金支出：用于养老金发放、医保等社保支出。

材料二：预算报告看民生 [①]

高质量发展是"十四五"乃至更长时期我国经济社会发展的主题，走高质量发展之路，要坚持以人民为中心。2021年预算报告就明确要节用为民，政府坚持过紧日子，确保基本民生支出只增不减，而这些都可以在国家账本中得到体现。

1. 加大力度保民生、保就业、保市场主体

2021年，全国一般公共预算支出超过25万亿元，教育、社保、卫生健康等民生相关支出占比较多。其中，教育支出占到15.3%，是支出比重最高的，且较2020年上升了0.5个百分点，学生资助补助经费安排增长幅度最大，为16.3%；社会保障和就业支出占13.8%；卫生健康支出占7.5%。

2. 提高社保水平，做好困难群众兜底保障

社保支出方面，2021年各级财政对企业职工基本养老保险基金的补助规模进一步加大，同时中央加大基金调剂力度，保障养老金按时足额发放。另外，2021年提高了退休人员基本养老金，对困难群众做好财政兜底保障，提高了优抚对象抚恤和生活补助标准。

---

① 预算报告看民生，读懂2021年"国家账本"[EB/OL]. 央视网，（2021-03-11）. http://www.mof.gov.cn/zhuantihuigu/2020ysbgjd_15236/mtbd1/202103/t20210311_3669119.htm.

3. 资金补助与税收优惠双管齐下保就业

2021 年中央财政就业补助资金安排 559 亿元，增加 20 亿元，支持地方落实各项就业创业扶持政策。将制造业企业加计扣除比例进一步提高到 100%，用税收优惠机制，激励企业加大研发投入。

4. 医保补助标准不断提升

2021 年居民医保人均财政补助标准增加 30 元，达到每人每年 580 元。

材料三："国家账本"中的"双向奔赴"

2022 年 2 月 22 日，央视微博发布了一则短视频。视频中新闻主播向网友解读了财政部发布的一组数字。"十三五"以来的六年间，我国累计减税降费 8.6 万亿元；全国社保基金滚存结余 4.8 万亿元，养老金全国统筹也已正式实施。与此同时这些年的"三公经费"在不断减少。这组数字展示了国家节用裕民的力度，拿出"真金白银"让利市场主体，同时将政府过紧日子作为一项长期政策加以落实。人民有期待，国家有回应，这也是"国家账本"中的"双向奔赴"。

三、案例知识点分析与课程思政设计

（一）案例知识点分析

1. 什么是国家预算

国家预算政府的财政收支计划，是国家的重要立法文件。国家预算是政府的财政收支状况的基本反映。从形式上看，国家预算是将财政收入和财政支出分门别类列入特定表格，从而让社会公众能够清楚了解政府的财政活动。

《预算法》总则规定，国家实行一级政府一级预算，全国预算由中央预算和地方预算组成；国家预算包括一般公共预算、政府性基金预算、国有资本经营预算、社会保险基金预算。

2. 我国的"四个账本"

我国的政府预算的内容经历了几个阶段的变化：在 1997 年前，我国的国家预算只有一般公共预算这一项内容。1997 年，我国将 13 项政府性基金纳入预算，从而增加了"政府性基金预算"这一内容。2007 年，又增加了国有资本经营预算。2014年，将全国社会保险基金预算也纳入其中，形成了现在四个预算的内容，也就是"四本预算"的局面。

从资金统筹角度来看，"四本预算"执行中难免会有某个部分出现财力缺口或财力盈余，如果各预算之间不能进行资金头寸调剂，会造成资金闲置浪费。因此，有必要构建"四本预算"间资金调剂的通道，既能增强财政统筹能力，又有利于提高财政资金使用效率。

因此，《预算法》规定，一方面，"四本预算"之间应当保持完整、独立，在收支范围上都存在显著区分；另一方面，政府性基金预算、国有资本经营预算、社会保险基金预算应当与一般公共预算相衔接。在构建新发展格局的过程中，衔接"四本预算"、统筹财力的财政体制改革也在加速进行。

在国际形势日益复杂、国内经济面临下行压力的大背景下，"国家账本"的数字变化体现的是政府的责任和担当。

（二）课程思政设计

本案例通过《预算法》呈现政府"四本预算"的各项支出所包含的内容，然后通过实际数据向学生展示各项政府支出的变动，最后通过主流媒体的解读帮助学生理解国家账本里的"双向奔赴"。

案例9-1　教你读懂"政府账本"		
教学内容	思政要素融入点	育人目标
国家预算的含义、分类以及原则	根据案例可以挖掘的思政点： （1）结合我国宏观经济发展实际，理解经济生活中对政府支出的需求 （2）理解政府支出的变动是对民生的回应	读懂"国家账本"中各项支出的变动，理解"国家账本"的数字变化体现的是政府的责任和担当，坚定社会主义道路自信

四、教学案例使用

（一）主要采用的教学方法与手段

本案例采用的教学手段主要为问题导向、新闻热点分析、教师讲授及小组讨论等。

（二）教学过程的组织与实施

1. 课前学习

课前通过在线学习平台发布学习通知，以问题思考与探讨的方式，提前布置学习任务与要求，让学生阅读材料并提前思考，对即将学习的内容有一定的了解和认识。

2. 课中学习

课堂讲完国家预算的概念、分类以及原则后，结合材料一向大家具体解释各项支出所包含的内容；通过材料二的数据让学生了解"国家账本"的数据变动，并通过分组讨论让学生理解数字变动背后的深层次意义，增强学生对于国家大政方针的政治认同感，坚定社会主义道路自信。

3. 课后学习

课后要求学生结合数字案例，进一步了解政府的政策导向，并从专业角度思考、领悟，讨论课中以小组形式阐述思想，进行交流。

（三）考核与评价

本思政案例的考核与评价主要包括如下方面：

考核评价指标	考核评价内容	考核评价方式
知识	要求学生掌握国家预算的含义与分类以及国家预算的原则	回答问题 练习 作业 单元测试
能力	能够结合国家预算的含义、分类与原则理解"四本预算"中的各项支出，利用国家预算的相关数据分析我国各项预算支出的变动趋势	研讨 观点分享 案例分析
素质	在具备正确理解"政府账本"能力的基础上，通过相关数据分析，理解"政府账本"背后所反映的政策导向	团队讨论评测打分 小组内部评测打分 知识点讲解 作业、单元测试的完成情况
思政	通过本案例的学习，帮助学生正确解读"国家账本"，了解"国家账本"中各项支出的变动趋势并能够理解支出变动背后所反映的深层次含义，体会各项政策是如何通过政府的支出实现落地的，进一步培养学生对国家大政方针的认同，增强道路自信	读后感的写作 课前、课中、课后的表现 职业追求 价值取向

五、引申思考

从财政预算的特征角度分析"三公"经费公开的必要性。

六、推荐阅读文献

[1] 马蔡琛，赵笛，苗珊. 共和国预算70年的探索与演进 [J]. 财政研究，2019 (7):3–12.

[2] 毛晖，郑晓芳. 民生性财政支出对居民消费的影响——基于2007—2013 年省级面板数据的实证研究 [J]. 会计之友，2017(20):44–49.

[3] 梁星，李洪利，张弛. 预算约束、财政透明度与民生财政支出绩效 [J]. 会计之友，2021(15):65–71.

[4] 黄潇，王海霞. 我国民生性财政支出对城乡居民消费水平的影响研究——基于国内大循环的视角 [J]. 中州大学学报，2022，39(1):29–35，49.

[5] 沈梦颖，雷良海. 民生性财政支出对城镇居民消费的影响——基于泛珠三角地区面板数据的分析 [J]. 经济研究导刊，2020，456(34):58–60.

[6] 姜扬. 政府民生性财政支出的就业效应研究 [J]. 社会科学文摘，2022，77(5):91–93.

案例 9-2

"量入为出"还是"量出为入"
——漫谈中国古代预算思想

一、教学目标

（一）基本教学目标

1. 知识目标

要求学生掌握国家预算的含义与分类以及国家预算的原则。

2. 能力目标

在学习"量入为出"和"量出为入"的预算思想基础上，正确理解我国古代财政范式转变的背景，并能够领会我国古代预算思想的合理内核。

3. 素质目标

通过学习我国古代的预算思想，结合自身专业知识，能够对西方财政思想和观点开展批判性学习，坚定文化自信和理论自信。

（二）思政教学目标

通过本案例的学习，帮助学生了解"量入为出"和"量出为入"在我国古代的起源与演变，从而坚定文化自信和理论自信；并且能够将我国古代财政思想与西方理论进行对比学习，结合我国经济发展实际，对西方的经济学理论进行批判性学习。

二、案例描述

材料一：我国古代的财政范式

在我国古代就有关于"量入为出"与"量出为入"思想的论述。西周末年，《礼记·王制》提出，"用地小大，视年之丰耗。以三十年之通制国用，量入以为出"。这是"量入为出"理财观的最早记载。唐代宰相杨炎主张："凡百役之费，一钱之敛，先度其数而赋于人，量出以制入。"这开了"量出为入"思想的先河。然而杨炎的"量出制入"是在唐代的赋税制度弊端日益突显、天下财政日益匮乏的背景下实行的，而且不管是"田税视大历十四年垦田之数为定"，还是"取大历中一年科率多者为两税定法"，杨炎的"量出制入"有固定的税额，舍此税额，"敢加敛以枉法论"，不许额外多征。因此其与后世非议的"量出制入"是有明显差异的。清朝末年，黄遵宪提出，"权一岁入，量入为出；权一岁出，量出为入，多取非盈，寡取非绌，上下流通，无壅无积，是在筹国计"。这就把"量入为出"与"量出为入"结合了起来。

"量入为出"即《礼记·王制》篇说的"制国用，量入以为出"，是先秦以来的传统财政范式，被视为征敛有度的"仁政"。而"量出制入"则被视为征敛无度的"弊政"。

唐人陆贽有论述曰："取之有度，用之有节，则常足，取之无度，用之无节，则常不足。……是以圣王立程，量入为出，虽遇灾难，下无困穷。理化既衰，则乃反是，量出为入，不恤所无。"这是最早的对"量入为出"和"量出为入"的对比评价。由此，"取之有度，用之有节"，成为"量入为出"的标签，"取之无度，用之无节"，成为"量出制入"的标签。

明清时期，帝王臣僚对"量入为出"与"量出制入"的两极评价尤为明显。明人王家彦直接表述："理财之最下者，曰量出为入。"清初陈瑚又称："尝考周官制赋之法，量入为出，后世之法，量出为入。量入为出，故取民有制，量出为入，故伤财害民。"雍正帝针对明末以来的反复加征，也曾经对"量入为出"大加标榜："经国之道，量入为出，故必揆国用，以沛恩施，乃为可久之计，而受恩者亦当谨身俭用，撙节爱养，无至一时告匮，以副朕抚绥保惠之苦心，朕方欲

211

为之立法定制，次第经理，以期家给人足耳。"

从"量入为出"到"量出制入"标志着传统财政范式的转变。传统社会的国家财政也会根据社会状况做不同的选择。在正常时期往往实行的是"量入为出"，而一旦战事兴起，特别是爆发较大规模的战争，军费支出大幅增加，原本的财政收支平衡被打破，国家财政的入不敷出，统治者必然采取相应的措施加以弥补，于是，由"量入为出"转变为"量出制入"。明末清初之前，这种转变往往是暂时的，财政形势一旦好转，就会回到"量入为出"的范式。然而，晚清时期，社会巨变，内忧外患给国家财政带来巨大的压力。为了缓解财政压力，"旧税"加征，"新税"开办，"量入为出"的财政范式逐渐被"量出制入"所取代[①]。

材料二：我国古代的财税思想

历史是一面镜子，鉴古知今，学史明智。财税制度自古有之，中华民族数千年文明史孕育了丰富的关于财税制度的思想。从古代财税思想中汲取智慧，对于今天建立现代财税体制具有重要价值。

财政随国家的产生而产生，是国家治理体系的重要组成部分。从先秦到明清，符合仁政的财政原则可归纳为"敛从其薄"（《左传·哀公十一年》）、"节用而爱人"（《论语·学而》）。前者针对财政收入，后者针对财政支出。中国古代思想家们认为，"夫农工商贾者，财之所自来也"，既要养护财源，又要取财有度，税收必须"敛从其薄""彼有余而我取之"，实现"其所有余"，如此才能实现"农工商贾皆乐其业"。

取之于民、用之于民，是财政支出的一大原则。宋朝王安石提出："盖因天下之力以生天下之财，取天下之财以供天下之费。"在古代，财政支出除用于政府公职人员俸禄、军费等涉及国家治理和国家安全的事项外，还用于社会救助、公共事业支出等公共服务事项。最广为人知的就是荒政制度，即为应对灾荒而建立的赈灾制度，如建立常平仓来调节粮价、应对粮荒。荒政制度一般有"治标"和"治本"两种方案，治标主要是赈济灾民和以工代赈，治本则强调兴修水利和储备粮食。公共事业支出也是财政支出的重要方面。在西周时期，财政支出中就明确列有公共设施建造、灾荒时期的补贴、政府公职人员的抚恤赡养等项目。自

---

① 陈勇勤.从古代财税思想中汲取智慧[N].人民日报，2021-11-29.

汉唐以来，财政支出还包括兴修水利、交通建筑、城市建设、赈济抚恤等项目，以及农田水利建设、江河治理、兴建内河航运工程、漕运等大工程。

维护公平正义一直是中国社会的重要价值追求，孔子就曾提出"不患寡而患不均"的政治主张。为了实现社会公平，中国古代思想家们强调税收制度的"至平""趣公"原则，希望通过发挥税收的杠杆作用来调节收入分配。《续资治通鉴长编》提出了"均天下之财，使百姓无贫"的政策主张，强调政府要承担起调节收入分配的职能。《管子·入国》中就记载了管仲治齐时提出的"老老、慈幼、恤孤、养疾、合独、问疾、通穷"等举措，这可以说是社会救助和优抚等制度的雏形。

我国建立的社会主义国家财税制度，既牢牢坚持马克思主义的人民立场，也充分体现了我国古人关于财政要敛从其薄、节用而爱人和惜民之力、爱民之财、恤民之患、体民之心等原则和理想。党的十八大以来，以习近平同志为核心的党中央进一步深化财税制度改革，强调"财政是国家治理的基础和重要支柱"，提出"要坚持和加强党的领导，坚持预算法定，发挥集中财力办大事的体制优势，加强财政资源统筹，突出保基本、守底线，强化预算对落实党和国家重大政策的保障能力"，"发挥税收在国家治理中的基础性、支柱性、保障性作用"，"完善以税收、社会保障、转移支付等为主要手段的再分配调节机制，维护社会公平正义，解决好收入差距问题，使发展成果更多更公平惠及全体人民"等一系列重要论述。这些重要论述坚持把马克思主义基本原理同中国具体实际相结合、同中华优秀传统文化相结合，充分吸收我国古代财税思想中的智慧，使财政取之于民、用之于民的原则得到进一步落实，使财税制度在维护社会公平正义、调节收入分配方面的作用得到充分彰显，使我国古人对财税的美好愿景成为现实，有力促进了我国国家治理体系和治理能力现代化水平的提升。

三、案例知识点分析与课程思政设计

（一）案例知识点分析

1. 国家预算

国家预算也称政府预算，是政府的基本财政收支计划，即经法定程序批准的国家年度财政收支计划。国家预算是实现财政职能的基本手段，反映国家的施政方针和社会经济政策，规定政府活动的范围和方向。

2. 安排财政支出的原则

在编制财政预算、安排财政收支时，可以有两种不同的原则：一种是"量入为出"，就是根据收入能力来安排支出，"有多少钱办多少事"；另一种是"量出为入"，就是根据支出需要来组织收入，"要办多少事，去筹多少钱"。到底是采用"量入为出"还是"量出为入"，一直是我国财政争论的话题。

3. 两种原则的争论

"量入为出"还是"量出为入"，同时也是我国古代财政思想的两极。"量入以为出"的思想最早见于《礼记》。《礼记》中说，宰相制定国家财政收入预算，一定要在岁末，待五谷都入库，"然后制国用，量入以为出"。这个财政原则为我国历史上的多数王朝所采用。到了唐朝德宗时，宰相、理财家杨炎提出了与之相反的思想。他说，国家的一切开支应"先度其数而赋予人，量出以制入"。他把国家一切开支先估算出一个数额，然后定出税额向人民收取，即量出以制入。

长期以来，我国一直把"量入为出"作为安排财政收支的原则。在经济处于高涨的情况下，社会总需求往往超过社会总供给，财政支出按照"量入为出"的原则，通过财政分配活动抑制或压缩部分社会总需求。具体来说就是减少财政支出，增加税收，以抑制社会总需求，降低通货膨胀率，给过热经济降温。

在具体宏观调控的实践中，必要的支出无法压缩到收入能力之内时，仍然会出现财政赤字，我国改革开放以后绝大多数年份出现赤字，就是这个原因。因此，我们也要考虑以"量出为入"的原则安排财政收支。"量出为入"要合理地确定政府的职能范围，并不是要满足所有的支出需要，而是要结合当地的经济水平和人民负担能力等方面综合考虑。尤其是在一些相对贫困的县市，财政不丰裕却要大拆大建就是不恰当的。因此，"量出为入"的财政政策也会有其不可避免的问题。所以，对"量入为出"和"量出为入"的理解不能绝对化，两种财政政策要结合起来使用，才能达到最佳的效果。

（二）课程思政设计

本案例梳理了"量入为出"和"量出为入"两种财政思想在中国古代的起源与演变。通过分析中国古代两种财政范式的转变背景，帮助学生理解两种财政思想的合理内核，坚定文化自信与道路自信，同时能够对西方的财政理论开展批判性学习。

案例9-2　"量入为出"还是"量出为入"——漫谈中国古代预算思想		
教学内容	思政要素融入点	育人目标
"量入为出"和"量出为入"两种预算思想	根据案例可以挖掘的思政点：（1）通过学习两种预算思想在我国古代的起源，将传统文化融入专业学习（2）将中国传统文化中的财政思想和西方理论对比学习，提升思辨能力	通过分析中国古代两种财政范式的转变背景，帮助学生理解两种财政思想的合理内核，坚定文化自信与道路自信，同时能够对西方的财政理论开展批判性学习

四、教学案例使用

（一）主要采用的教学方法与手段

本案例采用的教学手段主要为问题导向、新闻热点分析、教师讲授及小组讨论等。

（二）教学过程的组织与实施

1. 课前学习

课前通过在线学习平台发布学习通知，以问题思考与探讨的方式，提前布置学习任务与要求，让学生阅读材料并提前思考，对即将要学习的内容有一定的了解和认识。

2. 课中学习

课堂讲完国家预算的概念、分类以及原则后，向学生展示材料一，与同学们一起探讨两种预算思想的相通之处；进一步展示材料二，帮助学生全面了解我国传统文化中的财政思想，在小组学习后，进行班级分享。

3. 课后学习

课后要求学生结合数字案例，进一步体会党的十八大以来我国是如何进一步落实取之于民、用之于民的原则，并从专业角度思考、领悟，讨论课中以小组形式阐述思想，进行交流。

（三）考核与评价

本思政案例的考核与评价主要包括如下方面：

考核评价指标	考核评价内容	考核评价方式
知识	要求学生掌握国家预算的含义与分类以及国家预算的原则	回答问题 练习 作业 单元测试
能力	在学习"量入为出"和"量出为入"的预算思想基础上，正确理解我国古代财政范式转变的背景，并能够领会我国古代预算思想的合理内核	研讨 观点分享 案例分析
素质	通过学习我国古代的预算思想，结合自身专业知识，能够对西方财政思想和观点开展批判性学习，坚定文化自信和理论自信	团队讨论评测打分 小组内部评测打分 知识点讲解 作业、单元测试的完成情况
思政	通过本案例的学习，帮助学生了解"量入为出"和"量出为入"在我国古代的起源与演变，从而坚定文化自信和理论自信，并能够将我国古代财政思想与西方理论进行对比学习，结合我国经济发展实际，对西方的经济学理论进行批判性学习	读后感的写作 课前、课中、课后的表现 职业追求 价值取向

五、引申思考

请思考自新冠疫情发生以来，我国采取了哪些财政政策来稳定经济？这些举措是否体现了我国古代财政思想的合理内核？

六、推荐阅读文献

[1]陈锋.传统财政范式的转换：从"量入为出"到"量出制入"[J].史学集刊，

2021(9):24–28.

[2] 贾洁蕊. 中国古代财政与国家治理：历史的轨迹 [J]. 地方财政研究，2019(4):107–112.

[3] 周功强. "量出为入"和"量入为出"在全面预算管理中的应用探讨 [J]. 中国总会计师，2018，178(5):76–77.

[4] 贾洁蕊. 中国古代市舶征税向海关税的变迁及其财政意义 [J]. 太原师范学院学报（社会科学版），2021，20(3):86–91.

[5] 孙朋朋. 中国古代地方财政史研究方法的演进与取径 [J]. 财政科学，2021，65(5):138–146.

[6] 仉亿. 中国古代财政政策演进研究 [J]. 商讯，2020，209(19):178–179.

案例 9-3

中国政府间转移支付改革与实践

一、教学目标

（一）基本教学目标

1. 知识目标

掌握预算管理体制包含的基本框架，了解我国分税制改革，掌握政府间转移支付制度。

2. 能力目标

在学习国家预算以及预算管理体制相关知识的基础上，能够理解我国分税制改革的意义，结合现实分析当前我国政府间转移支付制度尚需完善的地方。

3. 素质目标

通过学习预算管理体制的理论知识，结合我国预算管理的相关改革体会转移支付制度对各地区财政能力的调节职能，理解国家的方针政策，增强政治认同。

（二）思政教学目标

通过本案例的学习，帮助学生理解政府间转移支付制度的意义所在，通过分析我国政府间转移支付相关政策变化的深层次含义，帮助学生理解国家的方针政策。

二、案例描述

材料一：财力平衡机制——转移支付

财政管理体制，指的就是政府间的财政关系。财政管理体制改革的目标应当描述为事权（支出责任）和财力相匹配，在明确政府间事权划分的基础上，界定各级政府的支出责任，划分财政收入，再通过转移支付等手段调节上下级的财力余缺，补足地方政府履行事权存在的财力缺口，实现"财力与事权相匹配"，因此转移支付制度是财力协调和区域均衡的制度保障。2020 年中央对地方一般性转移支付金额为 6.95 万亿元，包括共同财政事权转移支付（46.53%）、均衡性转移支付（24.52%）、税收返还及固定补助（16.23%）、县级基本财力保障机制奖补资金（4.25%）、老少边穷地区转移支付（3.99%）等（见图 9-1）。其中共同财政事权转移支付主要用于履行中央承担的共同财政事权的责任，为与央地财政事权和支出责任改革相配套，财政部于 2019 年将原一般性转移支付、专项转移支付中属于中央与地方共同财政事权的项目合并，设立共同财政事权转移支付，用于履行中央承担的共同财政事权的支出责任，暂列入一般性转移支付管理。2020年，中央共同财政事权转移支付规模为 3.2 万亿元，其中基本养老金转移支付（24.44%）、城乡居民基本医疗保险补助（10.61%）、车辆购置税收入补助地方资金（9.09%）占比较大（见图 9-2）。

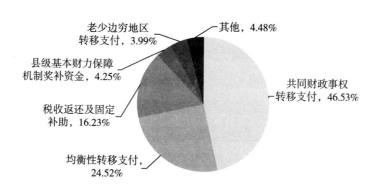

图 9-1　2020 年中央对地方一般性转移支付构成情况

资料来源：中国政府网。

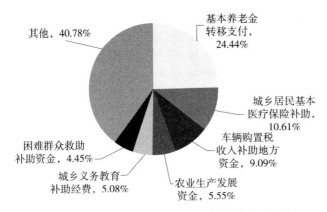

图9-2 2020年中央共同财政事权转移支付构成情况

资料来源：中国政府网。

地方向中央上缴税收的同时中央通过转移支付的形式对地方财力进行补贴，我们定义地方净上缴＝地方向中央上缴税收－中央向地方转移支付，其中地方向中央上缴税收包含央地共享收入中的国内增值税（50%）、企业所得税（60%）和个人所得税（60%），以及中央固定收入中全部的国内消费税以及车辆购置税，中央向地方转移支付包括一般性转移支付和专项转移支付。2020年我国有8个省级行政区净上缴中央，22个省级区域从中央获得净支付，具体情况见图9-3。

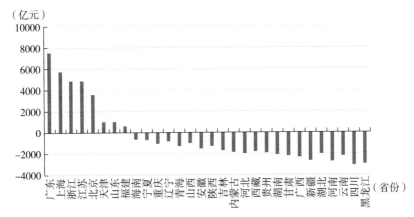

图9-3 2020年全国各地区净上缴收入情况

资料来源：《中国税务年鉴2021》。

材料二：转移支付制度改革

初建于 1994 年的财政转移支付制度，是我国现代财政制度体系里举足轻重的一部分，为促进各个地区之间享有更加均等化的基本公共服务，我国中央财力对地方的转移支付十分关注。

这种转移支付根据其投入使用对象的不同可划分为两大类型，一类用于一般性的支付，另一类则用于专项支出。随着中央对地方转移支付不断加大的规模投入，我国部分地区尤其是经济较为落后的中西部地区的基层财政得到了应有的支持与保障，然而该制度却逐渐暴露出来了越来越多的弊端。因为专项转移支付必须专款专用，造成了现实中地方政府普遍感觉专项支付"不好花"，"打酱油的钱不能用来买醋"，极大影响了公共资金的使用效率。另外，基层群众对此也反映了诸多问题，如专项支付资金过于散乱、缺乏行之有效的管理制度等。

针对以上的各种问题，我国关于现行转移支付制度提出了一系列的改革措施，并将其明确体现在了《国务院关于改革和完善中央对地方转移支付制度的意见》这一文件中，于 2015 年 2 月 2 日推出施行。其中，明确提出了要将我国转移支付的重心转移到一般性转移支付上来，扩大提高其占比要达到 60% 以上。而对于专项转移支付也提出了许多改进措施，如严格把控专项转移支付的受众、设立较为完善规范的专项支付管理制度、对专项转移支付进行清理与整合、取消部分专款专用规定等。不仅如此，该意见中还有一大亮点，即用于竞争性领域的专项转移支付逐步取消，具体应对方法体现在对一部分的竞争性领域的资金投入用税收优惠政策来替代、探寻更适合的市场化运作模式等。除了要减少专项转移支付的投入，该意见还对专项转移支付的使用进行了更加明确的规范，提出专项转移支付只可用于中央委托的各事项，而不可用于其他一切国务院所明令禁止使用的项目。

三、案例知识点分析与课程思政设计

（一）案例知识点分析

1. 政府间转移支付

政府间转移支付是指一个国家的各级政府之间在既定的事权、支出范围和收入划分框架下的财政资金相互转移。比如上级财政对下级财政的拨款，下级财政对上级财政的上解，共享税的分配以及不同地区间的财政资金转移。各地方经济发展不平衡，地方政府的财政收支状况大不相同，设立政府间财政转移支付制度是为了解决中央与地方财政纵向不平衡和地区间财政横向不平衡的矛盾，这也是规范中央与地方财政关系的有效途径。转移支付制度在我国各个时期的财政体制中都占有重要的地位，是财政体制必不可少的重要内容。

实行转移支付的目的是解决上下级财政之间的纵向不平衡和各地方政府之间的横向不平衡、补偿超出地域的"利益外溢"并通过中央政府加强国家凝聚力，其实质是一种财政补助，基本表现是财政状况好的地方财政补贴经济发展相对落后的地方。自1994年我国实行分税制财政管理体制以来，国家财政集中的财力主要用于增加对地方特别是中西部地区的转移支付，近些年通过逐渐完善，已经建立了符合市场经济要求的财政转移支付制度。中央对地方转移支付的规模不断扩大、结构日益优化，增强了中西部经济欠发达地区基层财政保障能力，促进了地区间基本公共服务均等化，有效推动了中央相关政策措施的贯彻落实，有力支持了教育、医疗卫生、社会保障和就业等社会民生事业的发展。

2. 一般性转移支付和专项转移支付

政府间转移支付分为一般性转移支付和专项转移支付。一般性转移支付，是指上级政府按照规范的办法给予有财力缺口的下级政府的补助。这类转移支付一般不规定具体用途，基本由下级政府根据本地区实际需要统筹安排使用。均衡性转移支付是一般转移支付的主体，主要参照各地标准财政收入和标准财政支出的差额及可用于转移支付的资金规模等客观因素，按统一公式计算分配。此外，一般性转移支付还包括基层公检法司转移支付、义务教育转移支付、基本养老金和低保转移支付、新型农村合作医疗转移支付等多项转移支付，这些转移支付主要用于加强地方政府保障基本公共服务的能力。

专项转移支付，是在特定的经济和社会发展目标下，上级政府给予下级政府的资金补助，下级政府对专项转移支付的使用必须严格按照上级政府规定的用途安排使用。专项转移支付应用的重点就是农林水、教育、医疗卫生、社会保障和就业、交通运输、节能环保等领域。

　　一般性转移支付与专项转移支付具有不同的特点：一般性转移支付能够最大限度地发挥地方政府了解当地实际需求的优势，有利于地方因地制宜统筹安排财政支出、落实管理责任，提高保障能力；专项转移支付则能够更好地体现中央政府的政策导向，促进相关政策的落实，且便于监督检查。完善转移支付制度，需要科学设置两者之间的比例结构，最大限度地发挥两类转移支付的作用。关于两者比例关系问题，国际上并无统一标准，而是与各国的基本国情相适应。如美国联邦对州的补助全部以专项拨款和分类补助的方式下达，日本中央对地方一般性转移支付（地方交付税）占转移支付总额的 50% 以上。

　　我国人口多、地域广，经济社会发展不平衡，地方事务复杂多样，区域协调发展任务繁重。同时，中央政府支出规模相对较小，大部分支出在地方实现。基于这一基本国情，《国务院关于改革和完善中央对地方转移支付制度的意见》明确我国中央对地方的转移支付制度应以均衡地区间基本财力、由地方政府统筹安排使用的一般性转移支付为主体，一般性转移支付和专项转移支付相结合，实现事权和支出责任相匹配。

（二）课程思政设计

　　本案例通过两个材料展现了转移支付制度对我国区域均衡发展的作用以及为了提升转移支付支出效率所进行的制度改革。通过对材料进行讨论，帮助学生对转移支付制度的调节职能有更直观的感触，理解我国的转移支付制度改革。

案例9-3　中国政府间转移支付改革与实践		
教学内容	思政要素融入点	育人目标
政府间转移支付制度	根据案例可以挖掘的思政点： （1）通过各地区净上缴税收情况，帮助学生对我国的区域发展差异建立直观的印象 （2）加深对政府间转移支付制度改革的理解，增强政治认同感	通过学习材料内容帮助学生对转移支付制度的调节职能有更直观的感触，理解我国的转移支付制度改革的必要性，增强政治认同感

四、教学案例使用

（一）主要采用的教学方法与手段

本次案例采用的教学手段主要为问题导向、新闻热点分析、教师讲授及小组讨论等。

（二）教学过程的组织与实施

1. 课前学习

课前通过在线学习平台发布学习通知，以问题思考与探讨的方式，提前布置学习任务与要求，让学生阅读材料并提前思考，对即将要学习的内容有一定的了解和认识。

2. 课中学习

课堂讲完分税制以及由此带来的政府间转移支付制度后，向学生展示材料一，在分析对比各地区净上缴收入后，引导学生思考区域差异的原因以及财政职能如何体现调节作用；在理解了政府转移支付制度后进一步展示材料二，深入探讨转移支付制度改革的必要以及要解决的主要问题，在小组学习后，进行班级分享。

3. 课后学习

课后要求学生结合数字案例，进一步了解我国政府间转移支付制度的改革，并从专业角度思考、领悟，讨论课中以小组形式阐述思想，进行交流。

（三）考核与评价

本思政案例的考核与评价主要包括如下方面：

考核评价指标	考核评价内容	考核评价方式
知识	掌握预算管理体制包含的基本框架，了解我国分税制改革，掌握政府间转移支付制度	回答问题 练习 作业 单元测试

考核评价指标	考核评价内容	考核评价方式
能力	在学习国家预算以及预算管理体制相关知识的基础上，能够理解我国分税制改革的意义，结合现实分析当前我国政府间转移支付制度尚需完善的地方	研讨 观点分享 案例分析
素质	通过学习预算管理体制的理论知识，结合我国预算管理的相关改革体会转移支付制度对各地区财政能力的调节职能，理解国家的方针政策，增强政治认同	团队讨论评测打分 小组内部评测打分 知识点讲解 作业、单元测试的完成情况
思政	通过本案例的学习，帮助学生理解政府间转移支付制度的意义所在，通过分析我国政府间转移支付相关政策变化的深层次含义，帮助学生理解国家的方针政策	读后感的写作 课前、课中、课后的表现 职业追求 价值取向

五、引申思考

在扎实推进共同富裕的大背景下，我国政府间转移支付制度还有哪些亟待完善的地方？

六、推荐阅读文献

[1] 唐飞鹏，叶柳儿.中央转移支付与地方"税收洼地"：平抑还是激化 [J].当代财经，2020，422(1):37-50.

[2] 储德银，孙梦.财政纵向失衡、均衡性转移与地方政府税收努力 [J].江南大学学报（人文社会科学版），2022，21(4):34-48.

[3] 汪俊雯，江激宇，张士云.风险态度对居民陷入相对贫困的影响及机制研究——基于机会获取的中介效应与政府转移支付的调节效应 [J].世界农业，2022，521(9):88-100.

[4] 宫春博，康怀兴.政府转移支付对贫困家庭未成年人人力资本的影响研究 [J].科学决策，2023，306(1):56-65.

[5] 潘文轩 . 共同富裕目标下政府转移支付"造血"功能的实现 [J]. 郑州大学学报（哲学社会科学版），2022，55(3):58–64.

[6] 朱德云，王溪 . 政府转移支付对农村居民家庭消费的影响研究 [J]. 审计与经济研究，2022，37(1):106–114.

案例 9-4

政府采购：严防腐败滋生

一、教学目标

（一）基本教学目标

1. 知识目标

掌握政府采购制度以及相关要求与原则，理解政府采购制度体现的公共财政性。

2. 能力目标

在学习政府采购制度的相关理论知识基础上，正确分析政府采购腐败现象存在的原因并能够结合合理论给出自己的见解。

3. 素质目标

正确看待政府采购过程中存在的腐败现象，理解政府采购制度改革、政府采购相关法律持续完善的意义；同时增强法律意识，提升个人职业素养。

（二）思政教学目标

通过本案例的学习，帮助学生正确看待政府采购过程中存在的腐败现象，理解我国在规范政府采购领域所做的努力；引导学生加强对个人职业素养的修炼，对法律以及未来的职业保持敬畏心。

二、案例描述

据哈萨克斯坦 LS 网站 2019 年 12 月 26 日报道，哈萨克斯坦反腐败署高级调查员毕盖达罗夫表示，哈萨克斯坦半数以上的腐败案件和人员涉及税务部门，政府采购成为最为严重的腐败犯罪高发区。

2019 年初以来，哈萨克斯坦反腐败署已办理 383 起腐败刑事案件，其中 202 起移交法院，92 人被判刑，犯罪行为造成的损失约 25 亿坚戈，其中 20 亿坚戈已被追回。大多数腐败犯罪行为涉及招标分配、非法签约及伪造完工证明。2017—2019 年，哈萨克斯坦反腐败署针对财政部开展了 318 次腐败犯罪调查，108 人被判刑。

三、案例知识点分析与课程思政设计

（一）案例知识点分析

1. 政府采购

政府采购指各级政府为了开展日常政务活动或为公众提供服务的需要，在财政部门、其他相关部门和社会公众监督下，以法定的方式、方法和程序，通过公开招标、公平竞争，从国内外市场上购买货物、工程和劳务的行为。其实质是市场竞争机制与财政支出管理的有机结合，其主要特点就是对政府采购行为进行法制化的管理。

2. 相关法律

2002 年 6 月 29 日，中华人民共和国第九届全国人民代表大会常务委员会第二十八次会议通过的《中华人民共和国政府采购法》是规范政府采购相关行为的第一个正式法律文件。2014 年 8 月 31 日，第十二届全国人民代表大会常务委员会第十次会议作出对《中华人民共和国政府采购法》进行修正的决定。

2017 年 9 月 1 日开始，我国进一步完善了关于政府采购的相关信息披露。除按规定在中国政府采购网及地方分网公开入围采购阶段信息外，具体成交记录包括电子卖场、电子商城、网上超市等的也应当予以公开。

3. 政府采购活动中的主要当事方

（1）政府采购管理机关：指财政部门内部设立的行政管理机构，负责制定政府采购政策、法规和制度，规范和监督政府采购行为，但是不参与和干涉采购中的具体商业活动。

（2）政府采购机关：是指政府设立的负责本级财政性资金的集中采购和招标组织工作的专门机构。

（3）政府采购资金管理部门：是指编制政府采购资金预算、监督采购资金的部门，包括财政部门和采购单位的财务部门。

4. 政府采购的功能

（1）节约财政支出，提高采购资金的使用效益。政府采购制度是一种集中与分散相结合的公开透明的采购制度。国际经验证明，实行政府采购一般可以节约资金 10% 以上。

（2）强化宏观调控。强化政府政策在国民经济发展中的宏观调控作用，推进国内产业保护和经济绿色发展，扶持不发达地区和中小企业等政策的实施需要政府采购配合落实。

（3）活跃市场经济。具体表现在以下三点：

第一，政府正常运转需要的货物、需建的工程和服务，通过政府采购由原本的政府自产、自建、自管转为向市场开放，极大地活跃市场经济。

第二，政府采购通过公开招标、竞争性谈判等方式完成，这有利于激励企业熟悉市场规律，按市场经济的规律运行，不断提高产品和服务质量，也促使市场经济主体更加活跃。

第三，政府刺激经济、扩大内需的政策大多通过政府采购渠道来进行，大量的政府采购行为使市场经济更加活跃。

（二）课程思政设计

本案例有助于帮助学生了解政府采购中可能存在的"黑箱"行为，理解我国在促进政府采购透明高效方面所做的努力，同时思考所学专业对自己的素养要求，立志做遵纪守法的财税从业人员。

案例 9-4　政府采购：严防腐败滋生

教学内容	思政要素融入点	育人目标
政府采购制度	根据案例可以挖掘的思政点： （1）通过其他国家的政府采购腐败案例帮助学生正确认识该现象 （2）加深对治理政府采购腐败的理解，增强政治认同感	通过学习材料内容帮助学生正确看待政府采购腐败现象，加深对治理政府采购腐败的理解，增强政治认同感

四、教学案例使用

（一）主要采用的教学方法与手段

本案例采用的教学手段主要为问题导向、新闻热点分析、教师讲授及小组讨论等。

（二）教学过程的组织与实施

1. 课前学习

课前通过在线学习平台发布学习通知，以问题思考与探讨的方式，提前布置学习任务与要求，让学生阅读材料并提前思考，对即将要学习的内容有一定的了解和认识。

2. 课中学习

课堂讲完政府采购制度以及相关的法律规范后，向学生展示材料，帮助学生正确看待政府采购腐败现象；提问学生，政府采购腐败的根源是什么。在小组学习后，进行班级分享。

3. 课后学习

课后要求学生结合数字案例，进一步了解我国政府采购治理的举措，并从专业角度思考、领悟，讨论课中以小组形式阐述思想，进行交流。

（三）考核与评价

本思政案例的考核与评价主要包括如下方面：

考核评价指标	考核评价内容	考核评价方式
知识	掌握政府采购制度以及相关要求与原则，理解政府采购制度体现的公共财政性	回答问题 练习 作业 单元测试
能力	在学习政府采购制度的相关理论知识基础上，正确分析政府采购腐败现象存在的原因并能够结合理论给出自己的见解	研讨 观点分享 案例分析
素质	正确看待政府采购过程中存在的腐败现象，理解政府采购制度改革、政府采购相关法律持续完善的意义；同时增强法律意识，提升个人职业素养	团队讨论评测打分 小组内部评测打分 知识点讲解 作业、单元测试的完成情况
思政	通过本案例的学习，帮助学生正确看待政府采购过程中存在的腐败现象，理解我国在规范政府采购领域所做的努力；引导学生加强对个人职业素养的修炼，对法律以及未来的职业保持敬畏心	读后感的写作 课前、课中、课后的表现 职业追求 价值取向

五、引申思考

2022 年是《中华人民共和国政府采购法》颁布 20 周年。财政部为进一步完善政府采购法律制度，就政府采购法修订草案再次公开征求意见。请思考修订政府采购法的必要性。

六、推荐阅读文献

[1] 孙志涛 . 政府采购法制建设成绩斐然的二十年 [J]. 中国政府采购，2022 (11):54–56.

[2] 陈虹睿，李苗苗 . CPTPP 的政府采购制度：特点、挑战与中国因应 [J]. 国际贸易，2022(12):23–31.

[3] 宋国涛 . 关于《政府采购法》修订草案中信用制度的完善建议 [J]. 中国招标，2023(1):51–53.

[4] 于安 . 积极推进政府采购制度创新 [J]. 中国政府采购，2023(2):2.

[5] 宋志涛 . 构建以合同为重心的政府采购制度 [J]. 中国政府采购，2023(2): 43–47.

[6] 金彤 . 中国特色现代政府采购制度的构建 [J]. 科学发展，2022，164(7): 30–38.

财政政策

本章案例思维导图

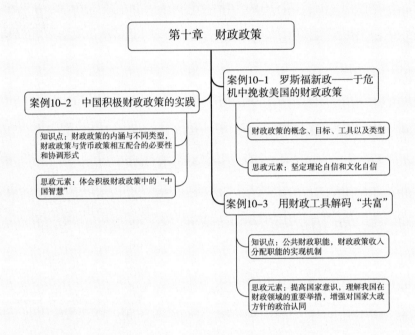

第十章　财政政策

案例10-1　罗斯福新政——于危机中挽救美国的财政政策

　　财政政策的概念、目标、工具以及类型

　　思政元素：坚定理论自信和文化自信

案例10-2　中国积极财政政策的实践

　　知识点：财政政策的内涵与不同类型，财政政策与货币政策相互配合的必要性和协调形式

　　思政元素：体会积极财政政策中的"中国智慧"

案例10-3　用财政工具解码"共富"

　　知识点：公共财政职能，财政政策收入分配职能的实现机制

　　思政元素：提高国家意识，理解我国在财政领域的重要举措，增强对国家大政方针的政治认同

罗斯福新政
——于危机中挽救美国的财政政策

一、教学目标

（一）基本教学目标

1. 知识目标

了解政府调控宏观经济的实践和理论起源，掌握财政政策的概念、目标、工具以及类型。

2. 能力目标

在学习财政政策的相关理论知识基础上，能够辩证思考积极财政政策和财政平衡的关系，并且能够将理论与实践相结合，解释财政政策的实施依据。

3. 素质目标

通过学习罗斯福新政及其理论渊源，理解罗斯福新政中的"中国智慧"；坚定理论自信，增强对我国大政方针的政治认同。

（二）思政教学目标

通过本案例的学习，帮助学生了解罗斯福新政的主要内容；体会罗斯福新政中的"中国智慧"，增强对中国传统文化和经济思想的自信心，坚定理论自信和文化自信。

二、案例描述

在美国短短几百年的历史中，曾发生过多次经济危机，其中影响最深远的自然是 1929 年 10 月 24 日所爆发的那场世界性的经济危机。美国开始了长达 4 年的经济大萧条时期，此次经济危机迅速由股市转向了其他行业，渐渐地整个美国国内大批银行面临倒闭，一众企业濒临破产，失业人数大大增加，整个世界都受到了这场经济危机的影响。针对美国这场危机，时任美国总统罗斯福于 1932 年以"新政"为口号赢得大选并于 1933 年开始实施新政，整个美国的经济状态才得以一步步回温。

罗斯福新政的实施为凯恩斯的《就业、利息和货币通论》的成书提供了实践依据，开启了政府干预经济政策的先河。

1. 罗斯福新政的主要措施

罗斯福新政主要由两个"百日新政"构成。第一个百日是 1933 年 3 月 9 日至 6 月 16 日，主要目的是在于复兴，所采取的措施是美元贬值，保障银行信用，维持农产品价格稳定，规定协定价格以减少企业间的竞争等。第二个百日开始于 1935 年 5 月，一方面通过兴建工程，以工代赈，以扩大就业来提高社会购买力，另一方面改革税制，使受益者范围扩大。

（1）金融业方面：罗斯福新政是从整顿金融入手的，《紧急银行法》《"证券"真实法案》《住宅贷款法案》以及《1933 年银行法》一系列挽救金融业的立法都是在第一个百日"新政"时期出台的，这些立法和相应措施的目的是恢复银行等金融机构的公信力。

（2）农业方面：大萧条时期农产品严重过剩，导致价格下降，农民损失惨重。为了保护农民的利益，也为了保住国家的经济命脉，罗斯福通过颁布《农业调整法》以及《农业法令》，减少农产品的生产，提高了价格并给予农民相应的经济补贴。

（3）工业方面：罗斯福新政中有关工业的法规均以复兴工业、刺激工业生产为目的。为了获得工会的支持，罗斯福修改了禁酒令，放弃了反垄断法。通过刺激工业增长带动就业增加，收入上升。这一时期出台的主要法规包括《啤酒法案》《国家工业复兴法》《全国劳工关系法》以及《进一步刺激复兴法》。

（4）财政扩张措施：危机时期美国兴建了并不迫切需要的项目，如治理田纳西河流域、建立协调一致的铁路运输系统。在有效需求不足、失业率较高的情况下，从事基础设施建设，既解决了目前的问题，又改善了日后的供给。

罗斯福新政时期的《税收法案》对不同收入的人群实行不同的税率。降低低收入者的税率，提高高收入者的税率，通过国民财富的再分配缓解有效需求不足。

2. 罗斯福新政的效果

第二个"百日新政"结束后，与 1933 年相比，失业人数明显下降，新增就业岗位 600 万个。1935 年农民的全部现金收入接近 70 亿美元，比 1932 年增加了 30 亿美元。1936 年工商业倒闭厂家数目大幅下降。银行业恢复了正常经营活动，收入和利润稳步提升；各保险公司资产总值增加了 30 亿。道琼斯股票指数上升了 80%。

"二战"爆发后，为了加紧扩军备战，美国政府开始削减社会救济，减少对富人的税收，1939 年转入战时经济，罗斯福新政实际上已告结束。但从长期看，罗斯福新政的实施形成了宏观调控的基本框架，为美国在现代市场经济条件下开展宏观经济调控积累了经验。同时，罗斯福新政的实施不但使美国走出了经济危机的低谷，也为美国现代经济发展奠定了基础。

然而，由于当时宏观经济调控理论的匮乏以及对货币政策、赤字预算和动态财政的认识不足，罗斯福新政并未确切地弄清大萧条的起因，因而也无法做到对症下药。尤其是在财政政策的实践中，存在难以兼顾积极财政政策和财政平衡的难题。罗斯福新政实施扩张性的财政政策的同时，罗斯福大幅缩减政府开支，总是希望能有一定的预算盈余；为了控制通胀，又再次收紧银根，使经济又再次衰退，最终又不得不追加了 30 亿美元的政府公共工程支出。因此到 1939 年预算平衡就不再是美国政府考虑的事情，这也就促成了美国之后很长一段时间内政府财政赤字和国债双递增的态势。

尽管由于当时宏观经济学知识的不足，罗斯福新政在经济的整体调控方面有些力不从心，但其实践对宏观经济政策制定和实施有重要意义。任何政策的制定和实践都需要一定思想的引导，罗斯福新政中的很多举措其实是受到我国古代济思想的启发。

钱穆先生在《中国历史研究法》中说，"抗战时期，美国副总统华莱士来华访问，在兰州甫下了飞机，即向国民党派去的欢迎大员提起王安石来，深表钦佩之忱，而那些大员却瞠目不知所对……"。华莱士在 1943 年 2 月 25 日的日记中记录了与宋美龄的谈话。宋美龄说，罗斯福总统告诉她，美国一部分农业计划依据的正是中国人的智慧。华莱士则告诉宋美龄，自己是从一本名叫《孔门理财学》的书中知道了王安石，并了解到中国古代经济思想的。

摧抑兼并、均平赋役是王安石赋税改革的中心思想，其出发点是改善国家财政状况，救助贫困百姓，从而缓和阶级矛盾，稳定北宋政权。在王安石所有的"新法"中，"青苗法"是争论最多、最激烈的一个。该法的目的是保护农民生产的积极性，在青黄不接之际，国家贷款予以扶助；同时防止富户对农民进行高利贷盘剥。该政策兼具经济政策和社会政策的双重作用，应该说是对国家财政职能的创新实践。罗斯福新政中对于农民积极性的保护以及缓和阶级矛盾的举措确实存在着对"中国智慧"的借鉴。

三、案例知识点分析与课程思政设计

（一）案例知识点分析

1. 财政政策及其功能

一国政府为实现一定的宏观经济目标，对税收、政府支出等财政手段进行调整的指导原则和基本措施就是财政政策。

财政政策作为调控宏观经济的重要手段，主要有以下四个方面的功能：

（1）导向功能。财政政策的导向功能体现在通过调整物质利益对个人和企业经济行为的调节进而实现对国民经济的运行和发展方向的引导。这种引导可以是直接的，如通过加速折旧的税收政策可以直接提高企业对新设备的投资欲望；这种引导也可以是间接的，如果对某一类行业实施高税收政策，那么这一行业的上下游以及消费者都将受到政策的间接影响。

（2）协调功能。财政政策的协调功能主要体现在对社会经济发展过程中出现的某些失衡状态进行调节，如协调地区之间、行业之间、部门之间、阶层之间的利益关系。

（3）控制功能。财政政策的控制功能体现在通过政策调节居民的经济行为和宏观经济运行，进而实现对宏观经济的有效控制，如对个人所得征收超额累进税，目的是对贫富差距的控制。

（4）稳定功能。财政政策的稳定功能体现在通过财政政策调节总支出水平，使货币支出水平大体等于产出水平，从而实现国民经济的稳定发展。最常见的就是反周期操作，在有闲置资源时，政府通过增加支出实现充分就业；而在经济高涨时，通过缩减支出水平，抑制通胀。

2. 财政政策工具

（1）税收。税收是国家凭借政治权力参与社会总产出分配的重要形式，具有强制性、无偿性、固定性的特点。其作用形式包括：改变税种、提高或降低税率、税收优惠或税收惩罚。

（2）公共支出。公共支出是政府为满足公共需要的一般性支出（或称经常性支出）。它包括购买和转移支出两大类，而且这两类支出对国民经济的影响有不同之处。

从最终用途来看，购买支出包括行政管理支出、国防支出、文教科卫等财政支出，这些是必不可少的社会公益性事业的开支，政府在这些领域的投资能力和投资方向对社会经济结构的调整和经济的发展起着关键性的作用。

转移支出是调节社会总供求平衡的重要工具。比如，在经济萧条失业增加时，政府增加社会保障支出和财政补贴，增加社会购买力，刺激总需求，有助于恢复供求平衡；反之，则相应减少这两种支出，以免社会总需求过旺。

（3）公债。公债包括政府举借的内外债的总称。虽然公债最初的产生是为了弥补财政赤字，时至今日，公债已经成为利用国家信用筹集财政资金的一种形式，是实现宏观调控的一个重要手段。公债调节的手段主要是公债的种类、公债发行对象、还本付息的主要资金来源。

（4）政府投资。政府直接参与物质生产领域的投资也是财政政策的重要工具之一。政府的投资项目往往是那些具有自然垄断特征、外部效应大、产业关联度高，具有示范和诱导作用的基础性产业以及新兴的高科技产业。政府投资可以用倍增的效果推动经济增长，是经济增长的推动力。

（二）课程思政设计

本案例通过梳理罗斯福新政的具体举措以及实施效果帮助学生了解财政政策工具的具体实践；通过对罗斯福新政理论渊源的探讨帮助学生体会我国古代经济思想中的智慧，坚定文化自信和理论自信。

案例 10-1 罗斯福新政——于危机中挽救美国的财政政策		
教学内容	思政要素融入点	育人目标
财政政策的概念、目标、工具等基本知识	根据案例可以挖掘的思政点：罗斯福新政中的具体举措对我国古代经济思想存在着一定的借鉴，由此激发学生对我国古代经济学思想进行探究的兴趣，坚定文化自信和理论自信	通过学习材料内容帮助学生了解财政政策工具的具体实践；通过对罗斯福新政理论渊源的探讨帮助学生体会我国古代经济思想中的智慧，坚定文化自信和理论自信

四、教学案例使用

（一）主要采用的教学方法与手段

本案例采用的教学手段主要为问题导向、新闻热点分析、教师讲授及小组讨论等。

（二）教学过程的组织与实施

1. 课前学习

课前通过在线学习平台发布学习通知，以问题思考与探讨的方式，提前布置学习任务与要求，让学生阅读材料并提前思考，对即将要学习的内容有一定的了解和认识。

2. 课中学习

课堂讲完财政政策的相关理论后，向学生展示材料前部分内容，帮助学生了解财政政策工具的具体实践；提问学生，罗斯福新政的理论基础是什么；进一步展示材料后部分内容，帮助学生体会我国古代经济思想中的智慧，在小组学习后，进行班级分享。

3. 课后学习

课后要求学生结合数字案例，进一步了解我国古代的经济思想，并从专业角度思考、领悟，讨论课中以小组形式阐述思想，进行交流。

（三）考核与评价

本思政案例的考核与评价主要包括如下方面：

考核评价指标	考核评价内容	考核评价方式
知识	了解政府调控宏观经济的实践和理论起源，掌握财政政策的概念、目标、工具以及类型	回答问题 练习 作业 单元测试
能力	在学习财政政策的相关理论知识基础上，能够辩证思考积极财政政策和财政平衡的关系，并且能够将理论与实践相结合，解释财政政策的实施依据	研讨 观点分享 案例分析
素质	通过学习罗斯福新政及其理论渊源，理解罗斯福新政中的"中国智慧"；坚定理论自信，增强对我国大政方针的政治认同	团队讨论评测打分 小组内部评测打分 知识点讲解 作业、单元测试的完成情况
思政	通过本案例的学习，帮助学生了解罗斯福新政的主要内容；体会罗斯福新政中的"中国智慧"，增强对中国传统文化和经济思想的自信心，坚定理论自信和文化自信	读后感的写作 课前、课中、课后的表现 职业追求 价值取向

五、引申思考

（1）如何理解积极的财政政策和积极的财政平衡是辩证的统一？

（2）我国古代还有哪些财政思想？

六、推荐阅读文献

[1] 许秀江 . 中国古代经济思想在美国 [J]. 金融博览，2021(6):25-27.

[2] 李炳鉴 . 罗斯福"新政"及其财经政策理论评析与借鉴 [J]. 山东财政学院学报，2000(2):44-48,77.

[3] 王波 . 基于现代视角探讨王安石的财政思想 [J]. 山西财政税务专科学校学报，2009(8):3-7.

[4] 张准 . 论罗斯福新政对美国南部"三农"问题的影响 [J]. 齐齐哈尔大学学报（哲学社会科学版），2022，302(4):18-22.

[5] 郭逸松 . 王安石变法的公共经济学角度分析 [J]. 经贸实践，2018(2):175.

案例 10-2

中国积极财政政策的实践

一、教学目标

（一）基本教学目标

1. 知识目标

掌握财政政策的内涵与不同类型，理解财政政策与货币政策相互配合的必要性和协调形式。

2. 能力目标

在学习财政政策的相关理论知识基础上，理解我国财政政策的实践以及在新形势下财政政策呈现的新特点。

3. 素质目标

通过学习我国积极财政政策的具体实践，体会我国在宏观调控方面的"中国方案"和"中国智慧"。

（二）思政教学目标

通过本案例的学习，帮助学生了解我国是如何通过积极财政政策推动宏观经济高质量发展的；体会积极财政政策中的"中国智慧"，增强政治认同，坚定理论自信和道路自信。

二、案例描述

近年来，我国经济呈持续上升的良好态势。我国经济发展整体较为稳定，且各相关指标都无明显异常，国际收支也依旧保持着近似平衡的状态，总体来看，我国经济正处于高质量发展的进程中。

我国经济的良性发展离不开积极的财政政策的有力支持与有效保障，现行财政政策具有更加完善的支出结构和力度，重视地方的财政管理，加强预算与绩效管理，严格把控党政机关的支出，而事实也验证了其高效保质与可持续性。

随着经济社会的快速发展，我国财政政策发挥出了至关重要且不可替代的作用，通过全方位多角度的政策落实，有效保障了经济社会的持续稳定运行，促进了我国经济质量与实力的稳步提升。

（一）健全财政资金直达机制，高效提升财政支出效率

1. 直达资金惠企利民

2021年，为进一步健全完善直达资金分配机制，我国各地的财政部门开始积极落实相关措施，强化管理相关基础工作，合力把控安排各项财政支出，以此来保障企业和人民都能受益于直达资金。

对于养猪大省四川省来说，通常每年出栏生猪的数量都要大于6000万头，然而2019年受到非洲猪瘟疫情的影响，一下子跌至原来的70%，见此情形，很多养猪户纷纷退养，而供应减少带来的价格飙升也给市场运行带来了不小的难题。

2021年，四川省财政厅经济建设处三级调研员李冰在谈到财政资金直达机制实施时说道，在这项机制实施的两年时间里，不仅有效加大了地方政府财力，加快推进了重大项目建设，促进农民稳步增收，而且通过利用财政部下达四川的6.47亿元生猪调出大县奖励资金，有效解决了生猪产能恢复速度慢的问题，使80余个生猪调出大县的经济产业得到可持续发展。

四川省财政厅国库处副处长周宇称，该省财政资金直达机制实施以来，仅2021年以来，效惠及企业达1.7万余次，惠及人数更是超过了1.2亿人次，兜住了民生底线。不仅使基本民生、居民就业得到有效保障，更为市场主体保驾护

航，为基层运转提供了强有力的财政支持。而这一政策的成效发挥，更是惠及山东、陕西等省份。

2021 年，财政部为实现中央民生补助资金的全覆盖，进一步扩大直达资金范围，将其从新增资金向存量资金方向调整，并将 27 项中央对地方转移支付资金整体纳入范围，这其中就包括县级政府财力保障机制奖补资金。民生补助资金的纳入，不仅有效缓解了地方财政压力，而且使民生底线进一步兜牢，民生政策在地方真正落地落实。

2. 完善资金监管

因直达资金数额较大，为确保其精准直达，财政部探索建立完善有效监管机制，明确指出不做"甩手掌柜"，做好"过路财神"。

四川省为确保资金监管全面高效，以绩效目标管理与结果运用为导向，创新监管体系，丰富监管形式，探索建立全流程监管系统。该系统以一个标识贯穿始终，以建立一套台账、开设一个专户为具体方式，采用"1+3"形式制定方案、组件专班，并在此基础上出台了"1+N"的实施办法。该套"六个一"管控体系被中央给予高度评价，国务院专门对此进行通报表扬。

山东省注重发挥监督效能，充分利用监控系统，对直达资金进行全面监管。其中，在日常监督方面，采用每日向市县推送预警疑点信息的方式，设置 25 条监控规则，准确监控、实时叫停违规支出，充分发挥监控系统的过程可溯、系统贯通、开发共享功效，真正使直达资金在"探照灯""显微镜"下规范运行。

2021 年，为充分发挥直达机制的制度优势，实现促发展、强地方、惠民生的效果最大化，财政部在直达资金工作机制中，对其机制、范围、分配方法等方面进行调整，并在此基础上加强资金监管力度。实践表明，该项调整在前三个季度直达机制运行中成效显著。

在财政资金直达机制运行中，据不完全统计，有 72.4% 的资金支出用在了基本民生领域，具体包括基本住房、医疗领域，除了容易被忽略的就业领域外，还包括极为重要的义务教育、养老等领域。此外，为惠及市场主体，该机制在惠企方面支出资金 3967 亿元，惠及 85.47 万家市场主体；该机制更是为大力支持基层保工资保运转，投放 3073 亿元用于县级基本财力保障机制奖补资金。

（二）减税降费

2021 年，为达到提质增效，发展可持续化的目的，财政政策还凸显在对减税降费政策的落实、优化上。

党的十八大以来，我国更注重服务型政府建设，采用缩减政府收入的方式增加优化企业效益，从而提升市场活力。在政策上持续释放减税降费的信号。据统计，在我国第十三个五年规划时期内，全国合计减免税收高达 4.7 万亿元，降费多达 2.9 万亿元，减税降费超 7.6 万亿。据统计，仅 2020 年一年，全国新增减税降费就多达 2.6 万亿元。

2021 年以来，国家采取了多项举措加大减税降费力度，优化政策措施。

一是稳步推进制度性减税政策，包括对个人所得税专项附加扣除等减税政策的实施以及对增值税留抵退税和税率的降低。通过多项政策的叠加实施，"1+1>2"的效果持续显现。

二是分门别类调整减税降费政策，按发展需求阶段性有序退出。

三是探索构建新型结构性减税政策。一方面，大力扶持科技创新领域，重点支持制造产业。除允许企业以 6 个月或 9 个月的期限进行加计政策扣除外，还将企业研发经费这项加计扣除比例提升至 100%；同时，为奖励先进制造业企业，将对其以月为单位全额退还增值税增量留抵税额。另一方面，将小规模纳税人的增值税起征点由月销售额 10 万元升至 15 万元，对小微企业年应纳税额 100 万元以下的部分，在原有优惠政策基础上，减半征收所得税，以加大对小微型企业的税收优惠。

四是多措并举可持续性降费。一方面，延续工商及失业保险费率阶段性降低政策，在政策到期后延长一年，预计这一年时间内，可使工商保险费率减负 200 亿元，失业保险费率减负 1100 亿元。另一方面，持续加大对各类企业违规收费问题整治，降低航空公司中民航发展基金征收标准，不再设立港口建设费。

通过上述针对性强、方式灵活的减税降费举措，不仅使保障民生、稳定就业这一根本目标得以保障实现，更使绝大多数中小微企业生存发展空间得以巩固拓展。

（三）地方专项债

1. 专项债"四两拨千斤"

宏观意义上，在国家重大发展战略实施过程中，专项债起到服务保障作用，它可以有效拉动投资，使我国经济能平稳发展。在地方财力保障方面，地方债起到补齐地方短板、惠及地方民生的作用，它不仅能积极扩大有效投资，更能增后劲，促进投资平稳增长。微观意义上，因其强调融资与收益自平衡，所以可将其应用到有收益的公益项目中。

地方专项债券不仅使项目单位与金融机构积极对接寻找配套融资机会，而且可以解决如基础设施等项目融资难等问题。而稳定适当支出强度、合理安排债券规模，就是其中有效举措之一。

从实践角度看，地方专项债券之所以能取得成效，是因为它是向企业期望、群众希望的方向流入。

2021 年，全国各地用于重大项目建设的资金中，专项债券资金就多达 1700 亿元，这充分彰显了地方政府投资"四两拨千斤"的推动作用。其中，四川省将专项债券资金投向民生基础设施短板领域，包括社会事业、农林水利、交通基础设施建设等发展急需、群众期盼的领域，除了市政和产业园区建设、加快补齐交通等容易被忽略且迟早要发展的领域外，还将资金投向科技创新等一些准备充分、条件成熟等优质项目的领域。2021 年，该省新增专项债券发行量就达到了 1854 亿元。相比四川，安徽省 2021 年政府发行债券为 2815 亿元，其中新增专项债券发行量为 1665 亿元，占比约为 60%。该省专项债券投向领域包括交通基础设施及市政建设，除保障性住房、农林水利等易被忽略的领域外，还投向社会事业、医疗卫生等社会基础重点领域。

2. 完善制度保障

严谨的债券保障机制，是债券资金发挥最大效能的前提和基础。

随着时代发展，近年来，财政部不断健全完善专项债券管理体系，对项目实施全周期管理，加大对地方债券资金使用及风险防控的管理指导。

第一，采取正向激励措施，因地制宜、合理规划新增地方政府专项债务规模。对地方财政实力雄厚、债务风险低、举债空间大的地区增加安排量，反之对相应地区减少安排量。

第二，根据实际情况适当增加对专项债券的使用范围，尤其加大对中央、国家确定的重点项目及重大区域战略的投放使用范围。

第三，严格做好专项债券项目前期工作。以"资金围绕项目走"为原则，以重大有收益项目为债券使用范围，以项目收益与融资规模保持平衡为要求，做好项目储备及其准备工作。

第四，强化对专项债券资金的监控使用及管理。健全全生命周期绩效评价工作机制，利用信息化手段，不断提高资金使用效能，压实相关部门和单位职责，以实现对资金使用全流程的有效监管。

第五，专项债券监管常态化。为保证债券使用合理高效，一方面，组织财政部各地监管局等专业力量，定期对资金使用情况进行检查；另一方面，将审计检查发现的问题汇总整理，对其中共性部分分析总结，不断完善管理制度。

（四）基层"三保"不动摇

基层"三保"工作是维护社会大局稳定、维持经济运行秩序的"压舱石"，其在各级预算管理工作中最为重要。为使其充分发挥作用，自 2021 年以来，财政部采取多项措施，督促、支持地方开展好此项工作。

第一，严格落实责任，确保基层"三保"优先支出。财政部按照"县级为主、省级兜底"的方针，要求各级明确预算安排顺序和重点，突出"三保"在财政支出及预算中的优先地位，将国家标准"三保"支出列为"三保"支出的优先顺位。

第二，加大支出结构优化力度，以从紧从严、将减则减的原则对重点项目及相应政策性补贴进行压减，大规模缩减非刚性、非重点项目及公费支出。同时，突出绩效导向，以支出要问效、无效要问责的原则，加快推进预算绩效管理体系建设，以达到全方位覆盖，全过程监管的目的。

三、案例知识点分析与课程思政设计

（一）案例知识点分析

1. 什么是财政政策

财政政策是指一国政府为实现一定的宏观政策目标而调整财政收支规模和收支平衡的指导原则及其相应的措施。其主要内容包括支出政策、税收政策、预算平衡政策、国债政策；主要政策手段有税收、一般公共支出、政府公共投资以及国债。

从世界范围的视角看，现代财政政策始于 20 世纪 30 年代的资本主义经济大萧条时期。就我国而言，财政政策作为国家进行宏观经济调控的重要杠杆，在计划经济和市场经济两种不同的经济体制下，其作用过程也是截然不同的。在我国改革开放不断深化的今天，财政政策的内容、手段更加丰富，操作难度也日益加大。

2. 我国当前财政政策的总目标

《中共中央关于制定国民经济和社会发展第十四个五年规划和二〇三五年远景目标的建议》明确了"十四五"时期经济社会发展的主要目标："经济发展取得新成效；改革开放迈出新步伐；社会文明程度得到新提高；生态文明建设实现新进步；民生福祉达到新水平；国家治理效能得到新提升。"这自然也就成为我国当前财政政策的总目标。积极的财政政策通过财政投融资进行国家基本建设与基础设施建设，调整经济结构，引导、推动、扶持产业升级，形成新的经济增长点，促进投资，增加就业，扩大内需，使本国经济平衡可持续发展。

3. 财政政策的类型

根据调节国民经济需求总量的不同功能，财政政策可分为扩张性财政政策、紧缩性财政政策和中性财政政策，即通过财政收支规模的调整刺激总需求、紧缩总需求或对总需求保持中性。

从经济社会活动的两个侧面，可将财政政策分为两个相对独立的类型：需求侧财政政策和供给侧财政政策。

4. 新形势下我国的财政政策

结合当前我国经济面临的下行压力以及全球经济的不确定性，在积极财政政策实施方向保持不变的大前提下，我国综合运用多种财政政策工具，提高积极财政政策效能；加强与产业政策、货币政策的协调，关注解决宏观经济中存在的结构性问题，注重精准与可持续调控。

（二）课程思政设计

本案例呈现了近几年我国积极财政政策的具体实践，帮助学生结合理论知识理解我国积极的财政政策，从而增强对国家大政方针的政治认同，坚定道路自信和理论自信。

案例 10-2　中国积极财政政策的实践

教学内容	思政要素融入点	育人目标
积极财政政策	根据案例可以挖掘的思政点：通过学习我国积极财政政策的具体举措和实施效果，帮助学生体会我国在财政政策实施方面的"中国智慧"和"中国方案"	通过学习材料内容帮助学生了解我国积极财政政策的具体实践，帮助学生结合理论知识理解我国积极的财政政策，从而增强对国家大政方针的政治认同，坚定道路自信和理论自信

四、教学案例使用

（一）主要采用的教学方法与手段

本案例采用的教学手段主要为问题导向、新闻热点分析、教师讲授及小组讨论等。

（二）教学过程的组织与实施

1. 课前学习

课前通过在线学习平台发布学习通知，以问题思考与探讨的方式，提前布置学习任务与要求，让学生阅读材料并提前思考，对即将要学习的内容有一定的了解和认识。

2. 课中学习

课堂讲完积极财政政策的相关知识后，向学生展示材料，帮助学生了解近几年我国积极财政政策的实施是如何在不断完善的过程中推进宏观经济高质量发展的，在小组学习后，进行班级分享。

3. 课后学习

课后要求学生结合数字案例，进一步了解我国财政政策的思路创新，并从专业角度思考、领悟，讨论课中以小组形式阐述思想，进行交流。

（三）考核与评价

本思政案例的考核与评价主要包括如下方面：

考核评价指标	考核评价内容	考核评价方式
知识	掌握财政政策的内涵与不同类型，理解财政政策与货币政策相互配合的必要性和协调形式	回答问题 练习 作业 单元测试
能力	在学习财政政策的相关理论知识基础上，理解我国财政政策的实践以及在新形势下财政政策呈现的新特点	研讨 观点分享 案例分析
素质	通过学习我国积极财政政策的具体实践，体会我国在宏观调控方面的"中国方案"和"中国智慧"	团队讨论评测打分 小组内部评测打分 知识点讲解 作业、单元测试的完成情况
思政	通过本案例的学习，帮助学生了解我国是如何通过积极财政政策推动宏观经济高质量发展的；体会积极财政政策中的"中国智慧"，增强政治认同，坚定理论自信和道路自信	读后感的写作 课前、课中、课后的表现 职业追求 价值取向

五、引申思考

新冠疫情期间世界主要发达国家采取了怎样的财政政策应对疫情对经济的冲击？与我国的财政政策实践有何异同？

六、推荐阅读文献

[1] 刘安长，李颖. 积极财政政策对抗经济风险：从历史中重拾信息 [J]. 宁夏社会科学，2023(1):98-106.

[2] 李雯，李珊珊. 不同财政—货币政策组合对宏观经济的影响研究——以价格水平决定的财政理论为基础 [J]. 中国物价，2023(1):37-39,44.

[3] 颜梦洁. 新冠肺炎疫情期间各国财政政策的实践、特征与思考 [J]. 经济研究参考，2020，2957(13):29-43.

[4]Can C, Yu S, Ping Z, et al. A Cross-Country Comparison of Fiscal Policy Responses to the COVID-19 Global Pandemic[J]. Journal of Comparative Policy Analysis: Research and Practice, 2021, 23(2):262-273.

[5] 付一婷，陈志宏，孙玉祥. 经济周期、财政政策周期和货币政策周期的时变关联机制研究 [J]. 金融发展研究，2023，494(2):3-15.

案例 10-3

用财政工具解码"共富"

一、教学目标

(一)基本教学目标

1. 知识目标

掌握公共财政职能,理解财政政策收入分配职能的实现机制,能够从财政视角理解"共同富裕"。

2. 能力目标

在学习财政政策与收入分配相关理论知识的基础上,能够思考财政改革与财政政策如何助力"共同富裕"。

3. 素质目标

了解我国在收入分配方面的基本国情,理解实现"共同富裕"的重大意义。

(二)思政教学目标

通过本案例的学习,在系统思考财政政策以及财政改革如何助力"共同富裕"实现的基础上,理解我国在财政领域的重要举措,增强对国家大政方针的政治认同。

二、案例描述

近年来,我国经济一直保持中高速发展,人均国内生产总值从 1978 年的 156

美元提升至 2022 年的 1.27 万美元，但是人均收入的城乡差距、区域差距依旧明显。2022 年全国城镇居民人均可支配收入 4.93 万元，而全国农村居民人均可支配收入只有 2.01 万元，且农村居民的基尼系数高于城镇居民。尽管经济保持中高速增长，但是全国的基尼系数并未有明显的下降。党的十九大提出到 2050 年全体人民"共同富裕"基本实现，这是社会主义的本质要求，是消除两极分化和贫穷基础上的普遍富裕，鲜明地体现了缩小收入差距、改善人民生活的要求[①]。

在推进共同富裕的进程中，财政要充分体现其公共性，发挥其在资源配置、收入分配、促进经济稳定和发展方面的职能优势；用足用好各类财政工具，促进社会财富稳步增长并得以合理分配，推动城乡和区域协调发展，逐步缩小收入差距。

结合挪威、瑞典、丹麦、芬兰以及冰岛等北欧国家的经验来看，缩小贫富差距的手段主要是二次分配，即通过税收、转移支付等财政工具强化二次再分配的公平性。

首先，财税手段需要从增量和存量两个方面予以加强：一方面，对收入的增量，要充分利用并不断完善所得税、增值税以及消费税等税种进行调节。比如消费税，伴随着居民生活水平的提高，居民消费行为和消费结构发生变化，相应的消费税征收也要有所调整，某些洗护类化妆品可以调整为必选消费品，从而降低税率或取消征税；而高档奢侈品的征税范围也有可能要进一步拓宽。再如个人所得税，我国 2019 年推行个人所得税立法，完善综合与分类相结合的个人所得税制度，考虑到中低收入人群与高收入人群的收入来源差异，通过专项附加扣除以及累进制税率的调整，切实增加了中低收入人群的获得感。另一方面，要增加对居民的存量财富的调节，探索房地产税、资本利得税、遗产税等财产税的开征方式。

其次，充分发挥转移支付制度的协调作用。要实现"共同富裕"，我国长期存在的区域以及城乡发展不平衡问题就需要下大力气解决。财政政策要进一步提高发展的平衡性、协调性、包容性，推动构建平衡、协调与包容的发展模式。积

---

① 关注！财税政策如何推进共同富裕？ [EB/OL]. 人民论坛网，（2022-02-14）. https://baijiahao.baidu.com/s？id=1724701287218360216&wfr=spider&for=pc.

极利用转移支付引导和激励地方政府，发展地方经济，促进区域协调发展，为共同富裕夯实区域经济发展基础。一是要利用好转移支付，平衡不同区域间财力差距，逐步推动和实现基本公共服务均等化，提升基层公共服务保障能力，让全体人民共享更高水平的公共服务；二是加大对"三农"发展、乡村振兴、环境保护等方面的转移支付，提高财政支出的精准性，确保区域协调发展战略、主体功能区战略、乡村振兴战略等国家重大战略的实施效果；三是建立和完善区域间横向转移支付和帮扶机制，支持发达地区通过横向转移支付、产业协作、对口帮扶等方式，全面带动相对落后地区发展，健全区域协调发展的体制机制。

扎实推进共同富裕是一个庞大的系统性工程，需要加快建立并完善包括财政政策在内的政策体系，构建推进共同富裕的长效机制。而财政面临的任务就是既要致力于把"蛋糕"做大，又要努力确保把"蛋糕"分好；既要提高居民的整体收入水平，又要调节过高收入，关注再分配公平；既要追求全体人民共同富裕，又要避免落入平均主义；要兜牢底线，也要通过合理的收入差距保护发展和创新的积极性。持续推进国家治理体系与治理能力现代化，如期实现全体人民的共同富裕，财政大有可为。

三、案例知识点分析与课程思政设计

（一）案例知识点分析

1. 公共财政的收入分配职能

政府通过财政收支活动对各个社会成员收入在社会财富中所占份额施加影响，从而实现分配公平。如果政府对收入分配不加干预，市场一般会依据个人财产多少、对生产所做贡献大小等因素，将社会财富在社会各成员之间进行初次分配。这种分配往往是不公平的，单纯依靠市场也无法消除这些不公平，只有依靠政府对这种不公平现象加以调节。财政的收入分配职能主要通过税收调节、转移性支出（如社会保障支出、救济支出、补贴）等手段来实现。

2. 税收调节的主要税种

（1）个人所得税是国家对本国公民以及居住在本国境内的个人的所得和境外

个人来源于本国的所得征收的一种所得税。2018 年 8 月 31 日，我国个人所得税法修订，个人所得税基本减除费用标准提升至每月 5000 元。

（2）消费税是以特定消费品为课税对象所征收的一种税，属于流转税的范畴。在对货物普遍征收增值税的基础上，对部分消费品额外征收一道消费税，可以调节产品结构，引导消费方向，保证国家财政收入。

（二）课程思政设计

本案例结合财政政策收入分配职能的实现机制和手段梳理了财政政策对"共同富裕"目标实现的积极作用；帮助学生结合理论知识理解我国的财税改革，从而增强对国家大政方针的政治认同，坚定道路自信和理论自信。

案例 10-3　用财政工具解码"共富"

教学内容	思政要素融入点	育人目标
公共财政的收入分配职能	根据案例可以挖掘的思政点：通过学习我国财税改革的具体举措和实施效果，帮助学生体会我国在利用财政工具推进"共同富裕"方面的"中国智慧"和"中国方案"	结合财政政策收入分配职能的实现机制和手段梳理了财政政策对"共同富裕"目标实现的积极作用；帮助学生结合理论知识理解我国的财税改革，从而增强对国家大政方针的政治认同，坚定道路自信和理论自信

四、教学案例使用

（一）主要采用的教学方法与手段

本案例采用的教学手段主要为问题导向、新闻热点分析、教师讲授及小组讨论等。

（二）教学过程的组织与实施

1. 课前学习

课前通过在线学习平台发布学习通知，以问题思考与探讨的方式，提前布置学习任务与要求，让学生阅读材料并提前思考，对即将要学习的内容有一定的了解和认识。

2. 课中学习

课堂讲完公共财政的职能后，向学生展示材料，帮助学生了解近几年我国财税改革领域的具体举措，在小组学习后，进行班级分享。

3. 课后学习

课后要求学生结合数字案例，从专业角度思考、领悟，讨论课中以小组形式阐述思想，进行交流。

（三）考核与评价

本思政案例的考核与评价主要包括如下方面：

考核评价指标	考核评价内容	考核评价方式
知识	掌握公共财政职能，理解财政政策收入分配职能的实现机制，能够从财政视角理解"共同富裕"	回答问题 练习 作业 单元测试
能力	在学习财政政策与收入分配相关理论知识的基础上，能够思考财政改革与财政政策如何助力"共同富裕"	研讨 观点分享 案例分析
素质	了解我国在收入分配方面的基本国情，理解实现"共同富裕"的重大意义	团队讨论评测打分 小组内部评测打分 知识点讲解 作业、单元测试的完成情况
思政	通过本案例的学习，在系统思考财政政策以及财政改革如何助力"共同富裕"实现的基础上，理解我国在财政领域的重要举措，增强对国家大政方针的政治认同	读后感的写作 课前、课中、课后的表现 职业追求 价值取向

五、引申思考

你认为在实现共同富裕的过程中，第一、第二、第三次分配各自发挥怎样的作用？它们的相互关系是怎样的？

六、推荐阅读文献

[1] 赵亮，汪宝蓉．共同富裕目标下我国房地产税制要素设计及相关建议 [J]. 住宅与房地产，2023(Z1):14–23.

[2] 周文豪．试析中国现阶段是否具备有效开征房产税的前提和条件 [J]. 云南财经大学学报，2020，36(11):3–14.

[3] 谢颖，于海峰，许文立．公共支出能缓解不平等吗？ [J]. 财政研究，2017，408(2):51–63,72.

[4] 曹桂全．中国个税和社会保障再分配效应的分解分析——以 2014 年天津住户调查的数据为样本 [J]. 经济社会体制比较，2020，208(2):39–48.

后 记

　　2020 年，教育部印发了《高等学校课程思政建设指导纲要》，要求在全国所有高校、所有学科专业全面推进课程思政建设。全面推进课程思政建设，就是要解决专业教育与思想政治教育"两张皮"的现象，寓价值观引导于专业知识传授和能力培养之中，发挥课堂育人的功能，帮助学生塑造正确的世界观、人生观、价值观。财政学是经济类、管理类专业的基础必修课，在培养高级经济管理人才中占据重要地位，其基本理论、方法论和意识形态无疑承担着启蒙和形塑学生专业思维、专业理念和专业应用的重要作用。财政学课程日常教学中常采用案例教学法，但是目前国内高校对教学案例的选择和思政知识点的提炼相对欠缺。为此，我们组织多年从事财政学课程案例教学的优秀教师编撰了该案例集。本案例集获得了聊城大学教材出版资助，是山东省本科教学改革研究项目"新时代背景下《财政学》课程思政教学探索与实践"（项目编号：M2020269）研究成果和《财政学》山东省一流本科课程建设成果，也得到了聊城市财政局项目课题组（R22WD37）的大力支持。

　　案例集编撰过程中，编写组召开了若干次会议，讨论确定了案例集的编撰内容及体例、人员分工、主要进度的时间节点、书稿的修订完善等事项。案例集分为财政基本理论、财政支出、财政收入、国家预算与财政政策四部分，共包括十章内容：匡萍副教授负责撰写第一、第二、第六和第七章案例；王歆副教授负责撰写第八、第九和第十章案例；范林佳老师负责撰写第三、第四、第五章案例。

　　案例集修改完善过程恰逢主编在中共山东省委党校（山东行政学院）第九期"习近平新时代中国特色社会主义思想"理论研修班进行为期四个月的学习。党校的任课老师和同学们对案例修改和思政点的提炼给予了诸多有益的意见和建议，

259

在这里对所有老师和同学们的帮助表示真诚的感谢。

案例集得以付梓出版，还得到聊城大学领导和同事们的指导和支持。此外，在撰写过程中，编写组还吸收了专家、媒体、网站的一些观点和数据资料，限于篇幅，不能一一列举，在此表示诚挚的谢意。

由于编者学识有限，加之时间紧促，不妥之处在所难免，诚望业界同仁给予批评指正。

匡 萍

2023 年 10 月于济南